मनुष्य, पृथ्वी और अंतरिक्ष...

बिल ब्रायसन

मनुष्य, पृथ्वी और अंतरिक्ष...

लगभग हर चीज़ का संक्षिप्त इतिहास

अनुवाद : नीलम भट्ट

MANJUL
मंजुल पब्लिशिंग हाउस

MANJUL

मंजुल पब्लिशिंग हाउस

कॉरपोरेट एवं संपादकीय कार्यालय

• द्वितीय तल, उषा प्रीत कॉम्प्लेक्स, 42 मालवीय नगर, भोपाल-462 003

विक्रय एवं विपणन कार्यालय

• सी-16, सेक्टर 3, नोएडा, उत्तर प्रदेश, 201301

वेबसाइट : www.manjulindia.com

वितरण केन्द्र

अहमदाबाद, बेंगलुरू, भोपाल, कोलकाता, चेन्नई,
हैदराबाद, मुम्बई, नई दिल्ली, पुणे

बिल ब्रायसन द्वारा लिखित मूल अंग्रेजी पुस्तक
अ शॉर्ट हिस्ट्री ऑफ़ नियरली एवरीथिंग का हिन्दी अनुवाद

A Short History Of Nearly Everything by Bill Bryson – Hindi edition

यह हिन्दी संस्करण 2022 में पहली बार प्रकाशित

ISBN 978-93-91242-01-5

अनुवाद : नीलम भट्ट

मुद्रण व जिल्दसाज़ी : थॉमसन प्रेस (इंडिया) लिमिटेड

नेचर के 25 अप्रैल 1953 संस्करण में वॉटसन और क्रिक का *'ए स्ट्रक्चर फ़ॉर डीऑक्सीराइबोज़ न्यूक्लिक ऐसिड'* शीर्षक से 900 शब्दों का एक लेख छपा। इसमें विलकिन्स और फ्रैंकलिन के भी लेख थे। यह दुनिया में घटनापूर्ण समय था, जब एडमंड हिलेरी एवरेस्ट की चोटी पर पहुँचने वाले थे और एलिज़ाबेथ द्वितीय रानी बनने वाली थीं, ऐसे में जीवन के रहस्य की खोज की ज़्यादातर अनदेखी हुई। *न्यूज़ क्रॉनिकल* में इसका थोड़ा सा उल्लेख हुआ और बाक़ी जगहों पर इसे अनदेखा कर दिया गया।

रोज़ालिंड फ्रैंकलिन को नोबेल पुरस्कार नहीं मिला। पुरस्कार दिए जाने के चार साल पहले 1958 में मात्र सैंतीय वर्ष की आयु में गर्भाशय के कैंसर ने उनकी मृत्यु हो गई। गौरतलब है कि नोबेल पुरस्कार मरणोपरांत नहीं दिए जाते। यह लगभग निश्चित है कि अपने काम के दौरान लंबे समय तक एक्स-रे का अत्यधिक सामना होने के कारण उन्हें कैंसर हुआ होगा, हालाँकि उससे बचा जा सकता था। उनकी हाल की अत्यधिक सराहनीय जीवन में ब्रेंडा मैडॉक्स बताती हैं कि फ्रैंकलिन शायद ही कभी लेड एप्रिन पहनती थीं और किरणों के सामने सीधे लापरवाही से चली जाती थीं। ऑसवॉल्ड ऐवरी को भी कभी नोबेल पुरस्कार नहीं मिला और आगे भी उनकी अनदेखी हुई, लेकिन उन्हें कम से कम यह संतोष रहा कि उनके निष्कर्ष सही साबित हुए थे। 1955 में उनकी मृत्यु हो गई।

वॉटसन और क्रिक की खोज की पुष्टि दरअसल 1980 के दशक तक नहीं हुई। क्रिक ने अपनी एक किताब में कहा, "हमारे डीएनए के मॉडल को थोड़ा स्वीकार्य से बहुत अधिक स्वीकार्य तक पहुँचने में पच्चीस साल से ज़्यादा समय लगा...फिर वहाँ से निश्चित रूप से सही होने में।"

फिर भी डीएनए की संरचना के समझे जाने के बाद आनुवंशिक विज्ञान में तेज़ी से प्रगति हुई और 1968 तक साइंस *जर्नल* में 'दैट वॉज़ द मॉलेक्यूलर बायॉलोजी दैट वॉज़' शीर्षक से लेख छपा, जो बताता है कि वह मुश्किल से मुमकिन लगता है, लेकिन ऐसा ही है और यह भी आनुवंशिक विज्ञान का काम लगभग समाप्ति पर था।

दरअसल, यह तो बस शुरुआत थी। अब भी डीएनए के बारे में काफ़ी कुछ है, जिसे हम बहुत कम समझते हैं, जैसे कि ऐसा क्यों लगता है कि इसका एक बड़ा हिस्सा कुछ नहीं करता। आपके डीएनए का 97 प्रतिशत हिस्सा निरर्थक तुड़े-मुड़े कबाड़ या जैसा कि जैव रसायनज्ञ कहते हैं, 'नॉन-कोडिंग डीएनए' से बना है। हर तंतु में यहाँ-वहाँ आपको कुछ हिस्से मिल जाएँगे जो मुख्य कार्यों को नियंत्रित और व्यवस्थित करते हैं। यही अद्‌भुत और लंबे समय से पकड़ में न आने वाले जीन्स हैं।

जीन्स कमोबेश प्रोटीन बनाने के निर्देश ही हैं। इस काम को एक ख़ास तरह की नीरस वफ़ादारी के साथ करते हैं। इस मायने में वे किसी पियानो की जैसे हैं, हरेक का काम कुछ और नहीं, बस एक सुर निकालना है, जो ज़ाहिर तौर पर मामूली सी एकरसता है। पियानो के अलग-अलग सुरों को मिला देने की तरह विभिन्न जीन्स के संयोजन से आप ध्वनियाँ और असीमित विविधता वाले राग तैयार कर सकते हैं। इन सब जीन्स को साथ मिला देने से मानव जीनोम के रूप में ज्ञात अस्तित्व की महान संगीत रचना तैयार हो जाती है।

जीनोम को देखने का एक वैकल्पिक और ज़्यादा आम तरीक़ा यह है कि उसे शरीर की निर्देश तालिका के रूप में देखा जाए। इस तरह हम क्रोमोज़ोम्स की कल्पना किताब के अध्याय के रूप में कर सकते हैं और जीन्स को प्रोटीन बनाने के निर्देशों के रूप में देख सकते हैं। ये निर्देश जिन शब्दों में लिखे गए हैं, उन्हें कोडॉन कहा जाता है और अक्षरों को बेसेज़ का नाम दिया गया है। आनुवंशिक वर्णमाला के अक्षर बेसेज़ चार न्यूक्लोटाइड्स से बने होते हैं, जिनका उल्लेख पहले किया जा चुका है : ऐडेनीन, ग्वानीन, साइटोसीन और थायमीन। इनके काम के महत्त्वपूर्ण होने के बावजूद ये किसी असाधारण चीज़ से नहीं बने होते। मसलन, ग्वानीन प्रचुर मात्रा में पाए जाने वाले ग्वानो से बना होता है।

जैसा कि सब जानते हैं, डीएनए मॉलेक्यूल की आकृति घुमावदार सीढ़ियों या मुड़ी हुई रस्सी की सीढ़ी जैसी होती है : प्रसिद्ध डबल हेलिक्स या दोहरी कुंडली की तरह। इस संरचना के ऊपरी हिस्से डीऑक्सीराइबोज़ कहलाने वाली एक प्रकार की शर्करा से बने होते हैं और समूचा हेलिक्स न्यूक्लिक ऐसिड होता है, इसी कारण इसका नाम है, 'डीऑक्सीराइबोन्यूक्लिक ऐसिड'। इसके पाए या सोपान इनके बीच की जगह को जोड़ने वाले दो बेसेज़ से बनते हैं : ग्वानीन हमेशा साइटोसीन और थायमीन हमेशा ऐडेनीन के साथ जोड़ा बनाता है। इस सीढ़ी पर ऊपर या नीचे जाते हुए जिस क्रम में ये अक्षर दिखाई देते हैं, वही डीएनए कोड है; इसका संलेखन करना ह्यूमन (मानव) जीनोम प्रोजेक्ट का काम रहा है।

डीएनए की बड़ी ख़ासियत है इसके प्रतिरूप बनाने का तरीक़ा। जब नए डीएनए मॉलेक्यूल बनाने का समय आता है, तो दोनों तंतु बीचों-बीच से, ठीक जैकेट की ज़िप की तरह बँट जाते हैं और हर आधा हिस्सा नई साझेदारी बना लेता है। चूँकि एक तंतु पर मौजूद हर न्यूक्लोटाइड किसी दूसरे निश्चित न्यूक्लोटाइड के साथ जोड़ा बनाता है, तो हर तंतु एक नए मिलते-जुलते तंतु बनाने के नमूने का काम करता है। यदि आपके पास आपके अपने डीएनए का केवल एक तंतु हो, तो आप आवश्यक साझेदारी के साथ उससे मिलता-जुलता तंतु बना सकते हैं : यदि एक तंतु का सबसे ऊपर का हिस्सा ग्वानीन से बना हो, तो आपको पता होना चाहिए कि दूसरा तंतु साइटोसीन का होगा। सभी न्यूक्लोटाइड जोड़ों से होते

हुए सीढ़ी पर नीचे आएँ और अंततः आपके पास नए मॉलेक्यूल का कोड होगा। प्रकृति में बिलकुल यही होता है और कुछ ही सेकंड्स में ऐसा होता है, जो कि वाक़ई कमाल है।

ज़्यादातर समय हमारा डीएनए कर्तव्यनिष्ठ सटीकता से प्रतिकृतियाँ बनाता है, लेकिन लाखों में एक बार कोई अक्षर ग़लत जगह में चला जाता है। इसे सिंगल न्यूक्लोटाइड पॉलिमॉर्फ़िज़्म या एसएनपी कहा जाता है, जिसे जीव रसायनज्ञों के बीच 'स्निप' के नाम से जाना जाता है। आम तौर पर ये स्निप्स, नॉन-कोडिंग डीएनए के विस्तार में कहीं दबे होते हैं और शरीर के लिए इनके कोई पता लगाने योग्य परिणाम नहीं होते, परंतु कई बार इनसे फ़र्क़ पड़ता है। इनकी वजह से आपको किसी बीमारी के होने की आशंका हो सकती है या फिर आप फ़ायदे की स्थिति में हो सकते हैं। मसलन, अधिक ऊँचाई पर रहने वालों में अधिक सुरक्षात्मक पिगमेंटेशन हो सकता है या फिर उनमें लाल रक्त कोशिकाओं का उत्पादन अधिक हो सकता है। समय के साथ ये हल्के से परिवर्तन लोगों और जनसंख्या में संचित होने लगते हैं, जिससे उनमें विशिष्टता आ सकती है।

प्रतिकृति में सटीकता व त्रुटियों के बीच सूक्ष्म संतुलन होता है। बहुत अधिक चूकें हों, तो जीव काम नहीं कर सकता और उनके बहुत कम होने पर अनुकूलनशीलता घट जाती है। जीव में स्थिरता और नवीन प्रयोगों के बीच भी इसी तरह का संतुलन होना चाहिए। लाल रक्त कोशिकाओं में बढ़ोतरी से ऊँचाई पर रहने वाले इंसान या समूह को चलने-फिरने व साँस लेने में आसानी होती है, क्योंकि अधिक लाल रक्त कोशिकाएँ ज़्यादा ऑक्सीजन ले जा सकती हैं, लेकिन अतिरिक्त लाल रक्त कोशिकाएँ ख़ून को गाढ़ा कर सकती हैं। टेम्पल यूनिवर्सिटी के मानव विज्ञानी चार्ल्स वाइट्ज़ के शब्दों में कहें तो उनके ज़रूरत से ज़्यादा होने पर 'तेल पम्प करने' जैसी स्थिति हो जाएगी। उससे दिल को मुश्किल हो सकती है। इस प्रकार अधिक ऊँची जगहों पर रहने वाले लोगों में साँस लेने की बेहतर क्षमता होती है, लेकिन इसकी क़ीमत उनके दिल को चुकानी पड़ती है और उसका जोखिम बढ़ जाता है। इस तरह डार्विन का प्राकृतिक चुनाव हमें सँभालता है। इससे यह समझने में भी मदद मिलती है कि हम सभी इतने समान क्यों हैं। क्रमिक विकास आपको बहुत अलग बनने नहीं देगा और यह तभी हो सकता है, जब आप नई प्रजाति बन जाएँ।

हमारे स्निप्स के कारण आपके व मेरे बीच के जीन के 0.1 प्रतिशत का अंतर है। अब आप यदि अपने डीएनए की तुलना किसी तीसरे व्यक्ति से करेंगे, तब भी 99.9 प्रतिशत साम्य होगा, लेकिन स्निप्स अलग जगहों पर होगा। इस तुलना में और लोगों को जोड़ने पर और अधिक जगहों पर ज़्यादा स्निप्स होगा। आपके 3.2 बिलियन बेसेज़ में हरेक में, कहीं न कहीं हमारे ग्रह पर कोई व्यक्ति

या व्यक्तियों का समूह होगा, जिसमें उस स्थिति में अलग कोडिंग होगी। इसलिए 'उसी' मानव जीनोम की बात करना न केवल ग़लत है, बल्कि एक मायने में हमारे पास कोई 'एक' मानव जीनोम तक नहीं है। हमारे पास वैसे 6 बिलियन जीनोम हैं। हम सभी 99.9 प्रतिशत एक जैसे हैं, लेकिन साथ ही जैसा कि जैव रसायनज्ञ डेविड कॉक्स ने कहा है, "आप कह सकते हैं कि सभी मानवों में कुछ भी साझा नहीं है और वह बात भी सही है।"

फिर भी हमें अभी यह समझना है कि इतने कम का कोई प्रत्यक्ष प्रयोजन वाला डीएनए इतना कम क्यों है। यह बात थोड़ी अजीब ज़रूर है, लेकिन लगता तो यही है कि जीवन का लक्ष्य डीएनए को बनाए रखना है। हमारे आम तौर पर जंक या कबाड़ कहलाने वाला हमारे डीएनए का 97 प्रतिशत हिस्सा शब्दों के गुच्छों से बना है और मैट रिडली के शब्दों में कहें तो यह "इसके अस्तित्व का विशुद्ध और सरल कारण यही है कि यह प्रतिलिपि बनाने में अच्छा है।"* अन्य शब्दों में कहें तो आपका अधिकांश डीएनए आपके प्रति नहीं, बल्कि स्वयं के प्रति समर्पित है : आप उसके फ़ायदे के लिए मशीन की तरह हैं, वह आपके लिए नहीं है। हमने पहले भी कहा है कि जीवन बस होना चाहता है और डीएनए वही करता है।

डीएनए में चाहे जीन्स बनाने के निर्देश शामिल हों, वैज्ञानिकों की भाषा में कहें तो जब वह उनके लिए कोड तैयार करता है, फिर भी यह ज़रूरी नहीं है कि उसमें जीव के सुचारू रूप से काम करने की बात का ध्यान रखा जाता है। प्रोटीन के लिए एक सबसे आम जीन्स जो हमारे पास है, उसे रिवर्स ट्रांसक्रिप्टेज़ कहा जाता है, जिसका इंसानों में कोई ज्ञात लाभकारी काम नहीं है। एक काम यह ज़रूर करता है कि एचआईवी जैसे रेट्रोवायरस को मानव प्रणाली में चुपके से घुसने देता है।

इसे यूँ कहा जा सकता है कि हमारे शरीर एक ऐसे प्रोटीन को तैयार करने में अपनी काफ़ी ऊर्जा लगा देते हैं, जो हमारे फ़ायदे के लिए कोई काम नहीं करता, बल्कि कभी-कभार हमें ही मात दे देता है। हमारे शरीर के पास इसे बनाने के अलावा कोई चारा नहीं होता, क्योंकि वह जीन्स के आदेश के अनुसार काम करता है। हम उनकी मर्ज़ी से चलते हैं। कुल मिलाकर, लगभग आधे मानव जीन्स, जो

*जंक डीएनए का भी इस्तेमाल है। डीएनए फ़िंगर प्रिंटिंग में यही हिस्सा काम में लाया जाता है। इस काम के लिए इसकी व्यावहारिकता की खोज लेस्टर यूनिवर्सिटी के वैज्ञानिक ऐलेक जेफ़रीज़ द्वारा अचानक हो गई थी। 1986 में जेफ़रीज़ आनुवंशिक बीमारियों से जुड़े चिह्नकों के डीएनए क्रम का अध्ययन कर रहे थे, उस समय पुलिस ने उनसे संपर्क किया और पूछा कि क्या वह एक संदिग्ध के दो हत्याओं से जुड़े होने के मामले में कुछ मदद कर सकते थे। उन्हें लगा कि उनकी तकनीक आपराधिक मामलों को सुलझाने के काम आ सकती है और यही साबित भी हुआ। कॉलिन पिचफ़ोर्क नामक एक नौजवान बेकर को उन हत्याओं के लिए दो बार आजीवन सज़ा दी गई।

कि किसी भी जीव में सबसे बड़ा ज्ञात अनुपात हैं, हमारी जानकारी के मुताबिक़ कुछ भी नहीं करते, बस अपना प्रजनन करते हैं।

किसी न किसी मायने में सभी जीव अपने जीन्स के दास हैं। यही वजह है कि सैमन व मकड़ियाँ और अन्य प्रकार के प्राणी संसर्ग की प्रक्रिया में मरने के लिए तैयार रहते हैं। प्रजनन करने, अपने जीन्स को फैलाने की इच्छा प्रकृति में सबसे शक्तिशाली आवेग है। शेरविन बी. न्यूलैंड के शब्दों में, "साम्राज्यों का पतन होता है, कामेच्छाओं का विस्फोट होता है, महान संगीत रचनाएँ तैयार की जाती हैं और इन सबके पीछे एकमात्र सहज प्रवृत्ति होती है, जिसे संतुष्टि की आवश्यकता होती है।" विकासमूलक दृष्टिकोण से देखें, तो यौन संबंध दरअसल अपनी आनुवंशिक सामग्री को आगे बढ़ाने की प्रतिफल व्यवस्था है।

हमारा ज़्यादातर डीएनए कुछ नहीं करता, वैज्ञानिकों ने अभी इस आश्चर्यजनक तथ्य को आत्मसात करना शुरू ही किया था कि नई अप्रत्याशित खोजें सामने आने लगीं। पहले जर्मनी में और फिर स्विट्ज़रलैंड में शोधकर्ताओं ने कुछ अजीबोग़रीब प्रयोग किए, जिनके नतीजे दिलचस्प ढंग से सामान्य थे। एक प्रयोग में उन्होंने चूहे की आँख के विकास को नियंत्रित करने वाले जीन को लिया और उसे एक फल मक्खी के लार्वा में डाल दिया। उनका ख़याल था कि इससे कुछ रोचक ढंग से विकृत परिणाम मिलेगा। हुआ यह कि चूहे की आँख के जीन ने उस फल मक्खी में व्यवहार्य आँख तैयार की, जो पूरी तरह से *मक्खी* की ही आँख थी। यहाँ पर दो ऐसे प्राणी थे, 500 वर्षों में जिनके कोई साझा पूर्वज नहीं थे और ये दोनों आनुवंशिक सामग्री की अदला-बदली ऐसे कर रहे थे, जिसे ये एक ही मां की संतानें हों।

शोधकर्ताओं को हर जगह वैसे ही परिणाम मिले। उन्होंने पाया कि वे मक्खियों की कुछ निश्चित कोशिकाओं में मानव डीएनए डाल सकते थे और मक्खियाँ उसे वैसे ही स्वीकार करती थीं, जैसे कि वे उनके अपने हों। पता चला कि 60 प्रतिशत से अधिक मानव जीन्स दरअसल मूल रूप से मक्खियों में पाए जाने वाले जीन्स जैसे ही हैं। कम से कम 90 प्रतिशत किसी न किसी स्तर पर चूहों में पाए जाने वाले जीन्स के साथ सहसंबंधित होते हैं। (हमारे पास पूँछ बनाने के लिए जीन्स भी हैं, बस उन्हें सक्रिय करने की ज़रूरत है।) हर क्षेत्र में शोधकर्ताओं ने पाया कि वे जिस भी जीव पर काम करते, वह चाहे कृमि हों या फिर इंसान, वे अक्सर एक से जीन्स का ही अध्ययन कर रहे होते थे। ऐसा लगता था, जैसे कि जीवन एक ही तरह की मूल योजना से निकला था।

आगे और छानबीन करने से पता चला कि कुछ मास्टर कंट्रोल जीन्स होते हैं, जिनमें से हरेक शरीर के एक भाग के विकास को निर्देशित करता है और उन्हें होमियॉटिक (ग्रीक शब्द से, जिसका अर्थ 'मिलता-जुलता' होता है) या हॉक्स

जीन्स कहा गया। हॉक्स जीन्स से लंबे समय से परेशान कर रहे सवाल का जवाब मिला कि एक ही निषेचित अंडे से निकली और एक जैसे डीएनए वाली लाखों भ्रूण कोशिकाएँ कैसे जानती हैं कि उन्हें कहाँ जाना है और क्या करना है - यह यकृत कोशिका बनेगी, यह लचीला न्यूरॉन बनेगी, यह ख़ून का बुलबुला और यह फड़फड़ाते पंख की झिलमिलाहट। हॉक्स जीन्स उन्हें निर्देश देते हैं और वे सभी जीवों के लिए इसी तरह काम करते हैं।

दिलचस्प बात यह है कि आनुवंशिक सामग्री की मात्रा और वह कैसे व्यवस्थित होती है, ज़रूरी तौर पर या फिर आम तौर पर भी यह किसी प्राणी की जटिलता के स्तर को नहीं दिखाता। हमारे पास छियालीस क्रोमोज़ोम्स हैं, लेकिन कुछ फ़र्न में इनकी संख्या छह सौ से अधिक है। जटिल प्राणियों में से सबसे कम विकसित लंगफिश में हमारे मुक़ाबले चालीस गुना अधिक डीएनए पाया जाता है। आम न्यूट तक हमारी तुलना में आनुवंशिक रूप से पाँच गुना अधिक समृद्ध है।

ज़ाहिर है कि आपमें मौजूद जीन्स की संख्या से फ़र्क नहीं पड़ता, बल्कि इस बात से पड़ता है कि आप उनसे करते क्या हैं। यह बहुत अच्छी बात है, क्योंकि हाल ही में इंसानों में जीन्स की संख्या को बड़ा नुक़सान हुआ है। तब तक माना जाता था कि इंसानों में कम कम से कम एक लाख जीन्स होते हैं या शायद उससे भी ज़्यादा, लेकिन ह्यूमन जीनोम प्रोजेक्ट के पहले परिणामों से यह संख्या घटकर पैंतीस या चालीस हज़ार के आस-पास होकर काफ़ी कम रह गई, जो कि तक़रीबन घास में पाए जाने वाले जीन्स के बराबर है। ज़ाहिर है इससे सबको हैरानी हुई और निराशा भी।

आपने गौर किया होगा कि आम तौर पर जीन्स को कई इंसानी कमज़ोरियों का ज़िम्मेदार माना जाता है। उल्लास में आकर वैज्ञानिक कई बार घोषणा कर चुके हैं कि उन्होंने मोटापे, स्कीज़ोफ्रेनिया, समलैंगिकता, आपराधिकता, हिंसा, शराबखोरी और यहाँ तक कि उठाईगिरी व बेघरबार होने की स्थिति के लिए ज़िम्मेदार जीन्स का पता लगा लिया है। शायद इस जैव निर्धार्यता की पराकाष्ठा 1980 में *साइंस* में प्रकाशित एक अध्ययन था, जिसमें कहा गया था कि महिलाएँ आनुवंशिक रूप से गणित में कमतर होती हैं। सच यह है कि अब हम जानते हैं कि आपके बारे में तक़रीबन कुछ भी ऐसा नहीं है, जो सुविधाजनक रूप से इतना सीधा-सादा हो।

यह ज़रूर है कि यदि कद या मधुमेह होने की ओर झुकाव या गंजेपन या फिर किसी अन्य विशिष्ट गुण को निर्धारित करने वाले जीन्स की जानकारी होती तो उन जीन्स को अलग-थलग कर पाना अपेक्षाकृत आसान हो जाता और फिर उन्हें ठीक किया जा सकता था। बदक़िस्मती से पैंतीस हज़ार स्वतंत्र रूप से काम कर रहे जीन्स उस शारीरिक जटिलता को तैयार करने के लिए पर्याप्त नहीं हैं,

जिससे किसी संतोषजनक मानव को बनाया जा सकता है। ज़ाहिर है कि जीन्स को आपसी सहयोग करना पड़ेगा। मसलन, हीमोफीलिया, पार्किन्सन्स रोग, हंटिंग्टन रोग व सिस्टिक फाइब्रोसिस जैसे कुछ रोग अकेले दुष्क्रियाशील जीन्स के कारण होते हैं, लेकिन नियम यही है कि इससे पहले कि वे हानिकारक जीन्स किसी प्रजाति या तादाद के लिए स्थायी रूप से मुश्किलें पैदा करें, उन्हें प्राकृतिक चुनाव द्वारा काफ़ी पहले ही निकाल दिया जाता है। हमारी नियति, हमारी सुविधा का बड़ा हिस्सा और यहाँ तक कि हमारी आँख का रंग भी किन्हीं वैयक्तिक जीन्स द्वारा नहीं, बल्कि साथ मिलकर काम कर रहे जीन्स के समूहों द्वारा निर्धारित किया जाता है। यही वजह है कि यह पता लगाना काफ़ी मुश्किल है कि यह सब कैसे एक साथ फिट बैठता है और यह भी कि फ़िलहाल तो डिज़ाइनर शिशु तैयार नहीं हो सकते।

दरअसल हाल के वर्षों में हमने जितना सीखा है, उससे मामला और भी जटिल हो गया है। पता चला है कि सोच-विचार करने का असर भी जीन्स के काम पर पड़ता है। मसलन, किसी इंसान की दाढ़ी कितनी तेज़ी से बढ़ती है, यह आंशिक तौर पर इस पर निर्भर करता है कि वह सेक्स के बारे में कितना सोचता है (क्योंकि सेक्स के बारे में सोचने से टेस्टोस्टेरोन में बढ़ोतरी होती है)। 1990 के दशक की शुरुआत में वैज्ञानिकों ने तब एक बहुत बड़ी खोज की, जब उन्होंने पाया कि वे चूहे के भ्रूण से महत्त्वपूर्ण जीन्स को निकाल सकते हैं और फिर भी चूहे न केवल स्वस्थ पैदा होते हैं, बल्कि कई बार वे अपने उन बाक़ी भाई-बहनों से ज़्यादा दुरुस्त होते हैं, जिनके जीन्स से कोई छेड़छाड़ नहीं की गई थी। पता चला कि कुछ निश्चित जीन्स को नष्ट करने के बाद अन्य जीन्स ने उनकी जगह ले ली थी। जीव के रूप में हमारे लिए यह बेहतरीन ख़बर थी, लेकिन कोशिकाओं के काम करने को समझने के लिहाज़ से यह उतनी अच्छी नहीं थी, क्योंकि इसने उस चीज़ पर जटिलता की एक और परत चढ़ा दी, जिसे हमने अभी समझना शुरू ही किया था।

इन जटिल कारकों के कारण ही मानव जीनोम को समझने को केवल एक शुरुआत के रूप में देखा जाने लगा। एमआईटी के एरिक लैंडर के शब्दों में कहें तो जीनोम दरअसल मानव शरीर की आंशिक सूची जैसा है : यह हमें बताता है कि हम किस चीज़ से बने हैं, लेकिन यह नहीं बताता कि हम कैसे काम करते हैं। अब हमें परिचालन नियमावली की ज़रूरत है। हम अभी उसके नज़दीक तक नहीं पहुँचे हैं।

अब मानव प्रोटियोम का पता लगाना है। यह अवधारणा इतनी नई है कि एक दशक पहले तक तो *प्रोटियोम* शब्द का अस्तित्व भी नहीं था। प्रोटियोम उस जानकारी का पुस्तकालय है, जो प्रोटीन तैयार करती है। 2002 में *साइंटिफिक अमेरिकन* में कहा गया था, “दुर्भाग्यवश जीनोम की तुलना में प्रोटियोम कहीं अधिक जटिल है।”

यह बात को कहने का बहुत सौम्य ढंग है। आपको याद होगा कि प्रोटीन सभी सजीव प्रणालियों के लिए काम करने वाले मेहनतकश हैं; किसी भी पल में एक कोशिका में लाखों-करोड़ों प्रोटीन काम में लगे होते हैं। यह इतनी बड़ी गतिविधि है कि इसका पता लगा पाना बहुत मुश्किल है। इसके अलावा प्रोटीनों का बर्ताव व उनके क्रियाकलाप जीन्स की तरह केवल उनके रासायनिकता पर ही आधारित नहीं होते, बल्कि उनकी आकृतियों पर भी निर्भर करते हैं। काम करने के लिए किसी प्रोटीन में न केवल आवश्यक रासायनिक संघटक तरीक़े से जमा होने चाहिए, बल्कि उन्हें पूरी तरह से निश्चित आकृति में भी मुड़ा होना चाहिए। इसके लिए 'फोल्डिंग या मोड़ना' शब्द का इस्तेमाल किया जाता है, लेकिन यह भ्रामक हो सकता है, क्योंकि इससे ज्यामितीय सुव्यवस्था का बोध होता है, जबकि वह यहाँ पर लागू नहीं होती। प्रोटीन मुड़ते हैं, कुंडलित होते हैं और ऐसे आकारों में फिट होते हैं, जो असाधारण व जटिल होते हैं। वे तह लगे हुए तौलियों की बजाय बुरी तरह से क्षत-विक्षत कोट हैंगरों के जैसे होते हैं।

इसके अलावा प्रोटीन जैविक दुनिया के अतिकामी (यदि मुझे आसान पुरातनता का उपयोग करने की अनुमति दी जाए) हैं। मूड और चयापचयी स्थिति के आधार पर वे खुद को फॉसफोरिलेट, ग्लाइकोसाइलेट, एसीटाइलेट, यूबिक्विटिनेट, फार्निसाइलेट, सल्फेटेड करते हैं और कई अन्य के अलावा ग्लाइको फ़ॉस्फ़ेटाइडिलिनोसिटॉल से जुड़ते हैं। ऐसा लगता है कि उन्हें सक्रिय होने के लिए ज़्यादा कुछ की ज़रूरत नहीं होती। *साइंटिफिक अमेरिकन* के अनुसार,वाइन का एक प्याला लेते ही आपकी प्रणाली में मौजूद प्रोटीनों की संख्या व प्रकार में बदलाव आ जाता है। पीने वालों के लिए यह आनंददायी है, लेकिन इस प्रक्रिया को समझने की कोशिश कर रहे आनुवंशिकी वैज्ञानिकों के लिए यह उतना मददगार नहीं है।

यह असंभावित रूप से जटिल लगने लगता है और कुछ मायनों में यह वैसा है भी, लेकिन इसमें एक प्रकार की सहजता भी मौजूद है, जिसका कारण जीवन के काम करने के तरीक़े में मौजूद उतनी ही मूलभूत अंतर्निहित एकता है। कोशिकाओं को जीवंत करने वाली वे छोटी, कुशल रासायनिक प्रक्रियाएँ - न्यूक्लियोटाइड्स के आपसी सहयोग के प्रयास, डीएनए का आरएनए में ट्रांसक्रिप्शन - एक बार विकसित हुई और तब से पूरी प्रकृति में वैसे ही चल रही हैं। फ्रांसीसी आनुवंशिक विज्ञानी ज़ाक मोनोद के अनुसार, "ई. कोलाई के लिए जो सही है, वह हाथियों के लिए भी है, बल्कि ज़्यादा ही सही है।"

हर सजीव चीज़ एक अकेली मूलभूत योजना का ही विस्तार है। इंसानों के रूप में हम केवल एक बढ़त हैं। हममें से हरेक समायोजन, अनुकूलन, रूपांतरण और दैवीय जोड़-तोड़ का पुरालेख हैं, जो 3.8 बिलियन वर्षों से चला आ रहा है। हम शानदार ढंग से फलों व सब्ज़ियों से भी नज़दीकी से जुड़े हैं। केले में होने

वाली लगभग आधे रासायनिक क्रियाकलाप बुनियादी रूप से आपके भीतर होने वाले कार्यकलापों जैसे ही हैं।

यह बार-बार नहीं कहा जा सकताः सारा जीवन एक है। यह है, और मुझे संदेह है कि हमेशा के लिए यह सबसे गहरा सत्य कथन साबित होगा।

VI

हम तक पहुँचता रास्ता

वानरों के वंशज! मेरे प्रिय, उम्मीद करें कि यह सच न हो और यदि हो, तो प्रार्थना करें कि यह बात आम तौर पर ज्ञात न हो।

— डार्विन के क्रमिक विकास के बारे में बताए जाने पर
वॉस्टर के बिशप की पत्नी की कथित टिप्पणी

27

हिम-काल

मैंने एक सपना देखा, जो पूरा सपना नहीं था।
सूरज बुझ गया था और तारे भटक गए थे...

बायरन, 'डार्कनेस'

1815 में इंडोनेशिया में सुम्बावा द्वीप पर मौजूद एक मनोहर और लंबे समय से निष्क्रिय रहे टम्बोरा नामक पहाड़ में असाधारण रूप से विस्फोट हुआ, जिससे लगभग एक लाख लोग मारे गए और कई सुनामियाँ आईं। आज तक किसी ने ऐसी प्रचंडता नहीं देखी थी। जीवित इंसानों ने टम्बोरा जैसी बड़ी घटना का कभी अनुभव नहीं किया था। यह दस हज़ार वर्षों में सबसे बड़ा ज्वालामुखी विस्फोट था, जो माउंट सेंट हेलेन्स के आकार से 150 गुना बड़ा था और हिरोशिमा के आकार के साठ हज़ार परमाणु बमों के बराबर था।

उन दिनों ख़बरें उतनी तेज़ी से नहीं पहुँचती थीं। लंदन में *द टाइम्स* ने घटना के सात महीने बाद एक छोटा सा समाचार छापा, जो दरअसल एक व्यापारी का पत्र था। टम्बोरा के प्रभाव हालाँकि तब तक महसूस किए जाने लगे थे। दो सौ चालीस घन किलोमीटर की धुएँदार राख, धूल और कण वातावरण में बिखर चुके थे, जिनसे सूर्य की किरणें धुँधली पड़ गई थीं और पृथ्वी ठंडी होने लगी थी। सूर्यास्त अनोखे ढंग से रंगीन थे, हालाँकि वे धुँधले थे और इस प्रभाव को यादगार ढंग से जेएम डब्ल्यू टर्नर ने अपने कैनवास पर उतारा था और वह काफ़ी खुश थे, लेकिन दुनिया का ज़्यादातर हिस्सा एक दमघोंटू, अंधियारे आवरण में था। इसी घातक धुँधलेपन ने बायरन को ऊपर उद्धृत पंक्तियाँ लिखने को प्रेरित किया।

वसंत कभी नहीं आया और गर्मियों में गर्माहट नहीं रही। 1816 को ऐसे साल के रूप में जाना गया, जिसमें गर्मी का मौसम नहीं था। कहीं भी फसलें नहीं उगीं। आयरलैंड में अकाल और उससे जुड़े टायफ़ाइड में पैंसठ हज़ार लोग मारे गए। न्यू इंग्लैंड में इस साल को लोकप्रिय रूप में एटीन हंड्रेड ऐंड फ्रोज़ टू डेथ के रूप में

जाना गया। जून के महीने तक सुबह की ठंड बरकरार रही और लगभग कोई भी बीज पनप नहीं पाया। चारे की कमी से मवेशियों की मौत हो गई या फिर उन्हें समय से पहले मार दिया गया। हर तरह से यह भयावह साल था और लगभग निश्चित रूप से कहा जा सकता है कि आधुनिक समय में किसानों के लिए सबसे बुरा समय था, फिर भी समूची दुनिया में तापमान केवल एक डिग्री सेल्सियस से कम गिरा। जैसा कि वैज्ञानिकों ने बाद में जाना कि तापमान को स्थिर रखने वाली पृथ्वी की प्राकृतिक प्रणाली बहुत ही नाज़ुक चीज़ है।

उन्नीसवीं सदी का समय पहले ही बहुत ठंडा समय था। दो सौ वर्षों तक यूरोप व उत्तरी अमेरिका में छोटा हिम-युग महसूस किया जाता रहा था, जिसमें हर तरह की सर्दियों की घटनाएँ थीं, टेम्स पर सर्दी के मेलों से लेकर डच नहरों पर आइस स्केटिंग, जो कि अब लगभग असंभव हैं। अन्य शब्दों में यह एक ऐसा काल था, जब लोगों के दिलो-दिमाग़ पर ठंडक छाई हुई थी। शायद इसलिए हम उन्नीसवीं सदी के भूविज्ञानियों को इस बात के लिए क्षमा कर सकते हैं कि उन्हें बहुत धीमी गति से समझ में आया कि जिस दुनिया में वे रह रहे थे, वह पहले के युगों से दरअसल सुहावना था और उनके आस-पास की ज़मीन ने टूटते हिमनदों व ठंड से आकार पाया था।

वे जानते थे कि अतीत को लेकर कुछ तो अजीब था। यूरोपीय भूदृश्य ऐसी असंगतियों से भरा था, जिनका वर्णन नहीं किया जा सकता था, जैसे फ्रांस के गर्म दक्षिणी हिस्से में आर्कटिक रेंडियर की अस्थियाँ, असंभावित जगहों पर बड़ी शिलाओं का होना, इत्यादि। ऐसे में वैज्ञानिक अक्सर नए, लेकिन ऐसे स्पष्टीकरण लेकर सामने आते थे, जो बिलकुल भी स्वीकार्य नहीं लगते थे। द लुक नामक एक फ्रांसीसी प्रकृतिविद ने यह बताने की कोशिश की कि जूरा के पहाड़ों के चूना पत्थर वाले किनारों पर कैसे ग्रेनाइट शिला पत्थर पहुँचे होंगे और उन्होंने कहा कि शायद वे गुफाओं की संपीड़ित हवा द्वारा वहाँ फेंके गए होंगे, ठीक जैसे पॉपगन से कॉर्क निकलती है। विस्थापित शिलाखंड को इरैटिक कहा जाता है, लेकिन लगता है कि उन्नीसवीं सदी में इरैटिक यानी असंगत शिलाओं की बजाय सिद्धांतों पर अधिक लागू होता था।

महान ब्रिटिश भूविज्ञानी आर्थर हैलम ने कहा कि यदि अठारहवीं सदी में भूविज्ञान के जनक कहलाने वाले जेम्स हटन स्विटज़रलैंड गए होते, तो उन्होंने नक़्क़ाशीदर घाटियों, परिष्कृत सीमाओं और जहाँ पर चट्टानें थीं, वहाँ मौजूद पुलिनों और अन्य कई सुरागों को तुरंत पहचान लिया होता, जो वहाँ नज़दीकी हिम चादरों की ओर संकेत कर रहे थे। बदक़िस्मती से हटन यात्री नहीं थे। उनके पास बाक़ी लोगों के विवरण थे और उनकी बुनियाद पर हटन ने इस विचार को तुरंत ख़ारिज कर दिया कि बाढ़ उतने विशाल शिलाखंडों को उन पहाड़ों पर 1000 मीटर

तक की ऊँचाई तक ले गई होगी, उनका मानना था कि दुनिया भर का पानी भी किसी शिलाखंड को तैरने लायक़ नहीं बना सकता और वह उन शुरुआती लोगों में से हुए जिन्होंने व्यापक हिमाच्छादन का तर्क दिया। दुर्भाग्यवश किसी ने उनके विचारों पर ध्यान नहीं दिया और अगली आधी सदी तक अधिकतर प्रकृतिविद इस बात पर ज़ोर देते रहे कि पहाड़ों के वे खाँचे वहाँ से गुज़रती ठेला गाड़ियों या यहाँ तक कि जूते की कीलों से भी बने हो सकते थे।

स्थानीय लोग वैज्ञानिक रूढ़िवादिता से अछूते थे और वे इससे बेहतर जानकारी रखते थे। प्रकृतिविद ज्यां द शार्पॉन्टिये ने एक कहानी सुनाई कि कैसे 1834 में एक स्विस लकड़हारे के साथ गाँव की किसी गली से गुज़रते हुए सड़क किनारे की चट्टानों की बात छिड़ गई। उस लकड़हारे ने तथ्यात्मक ढंग से उन्हें बताया कि वे शिलाखंड ग्रिमसेल से आए थे, जो कुछ दूरी पर मौजूद ग्रेनाइट क्षेत्र था। "जब मैंने उससे पूछा कि उसे क्या लगता है कि वे पत्थर कैसे अपनी आज की स्थिति में पहुँचे होंगे, तो उसने बेझिझक होकर जवाब दिया : "ग्रिमसेल ग्लेशियर उन्हें घाटी के दोनों ओर लाया, क्योंकि वह पीछे से चला आ रहा था और बर्न तक फैला हुआ था।"

शार्पॉन्टिये यह सुनकर बहुत ख़ुश हुए, क्योंकि उनका अपना नज़रिया भी यही था, लेकिन जब उन्होंने यह बात वैज्ञानिक बैठकों में उठाई तो उसे ख़ारिज कर दिया गया। शार्पॉन्टिये एक और नज़दीकी दोस्त स्विस प्रकृतिविद लुई अगेसीज़ ने कुछ शुरुआती संशय के बाद अंततः इस सिद्धांत को न केवल अपनाया, बल्कि वह उसे लगभग हथियाने की हद तक भी पहुँच गए।

अगासीज़ ने पेरिस में कुविय के अंतर्गत अध्ययन किया था और वह स्विटज़रलैंड में न्यूशतेल कॉलेज में प्राकृतिक इतिहास के प्रोफ़ेसर थे। अगासीज़ के एक अन्य मित्र वनस्पति विज्ञानी मित्र कार्ल शिम्पेय ने 1837 में पहली बार 'आइस एज' (जर्मन भाषा में *आइसज़ायत*) यानी हिम-युग शब्द को गढ़ा था और यह विचार भी रखा था कि इस बात के पर्याप्त साक्ष्य थे कि किसी समय में हिम न केवल स्विस ऐल्प्स पर, बल्कि यूरोप, एशिया और उत्तरी अमेरिका के अधिकांश हिस्सों पर थी। यह क्रांतिकारी अवधारणा थी। उन्होंने अगासीज़ को अपने नोट्स दे दिए और बाद में उन्हें बहुत अफ़सोस हुआ, जब अगासीज़ को उस बात का श्रेय मिला, जिसे पहले शार्पॉन्टिये ने महसूस किया था और जो उनका सिद्धांत था। इससे शार्पॉन्टिये की भी अपने पुराने दोस्त से दुश्मनी हो गई। एक अन्य मित्र अलेक्सांद्रा फ़ॉन हुमबोल्ट के दिमाग़ में ज़रूर अगासीज़ रहे होंगे, जब उन्होंने कहा कि वैज्ञानिक खोज में तीन चरण होते हैं : पहला, लोग उसकी सच्चाई को नकारते हैं; फिर वे उसकी अहमियत से इनकार करते हैं; अंततः वे किसी ग़लत आदमी को उसका श्रेय दे देते हैं।

बहरहाल, अगासीज़ ने इस क्षेत्र को अपना बना लिया। हिमाच्छादन के आयामों को समझने की कोशिश में वह हर जगह गए, गहरी ख़तरनाक हिम दरारों से लेकर आल्प्स की पथरीली चोटियों तक और अक्सर उन्हें व उनकी टीम को पता तक नहीं होता था कि वे उन चोटियों पर जाने वाले पहले लोग थे। लगभग हर जगह लोगों ने अगासीज़ को सिद्धांतों को मानने में अनिच्छा दिखाई। हुमबोल्ट ने उनसे अपनी वास्तविक विशेषज्ञता यानी मछली के जीवाश्म के क्षेत्र में लौटने का आग्रह किया और हिम के प्रति अपने जुनून को छोड़ने के लिए कहा, लेकिन अगासीज़ पर तो जैसे हिम की धुन सवार थी।

अगासीज़ के सिद्धांत को ब्रिटेन में काफ़ी कम समर्थन मिला, जहाँ के प्रकृतिविदों ने कभी ग्लेशियर नहीं देखा था और वे यह नहीं समझ सके कि भारी-भरकम बर्फ़ में कितनी ज़बदरस्त ताक़त हो सकती थी। ऐसी ही एक बैठक में रॉड्रिक मर्चिन्सन ने उपहास भरे स्वर में पूछा, "क्या वे नक्काशियाँ और चमक *बर्फ़* की वजह से हो सकती थीं?", ज़ाहिर था कि उनकी कल्पना के मुताबिक़ चट्टानों पर किसी तरह की चमकीली व चिकनी पर्पटी रही होगी। मरते दम तक वह उन 'हिम-उन्मादी' भूविज्ञानियों पर ताज्जुब करते रहे, जिनका विश्वास था कि ग्लेशियरों में उतना कुछ करने की क्षमता थी। कैम्ब्रिज में प्रोफ़सर और जियोलॉजिकल सोसायटी के अग्रणी सदस्य विलियम हॉपकिन्स ने उनके दृष्टिकोण का अनुमोदन किया और तर्क दिया कि हिम द्वारा शिलाखंडों को लाए जाने की बात 'ज़ाहिर तौर पर इतनी बेवक़ूफ़ी भरी है' कि विज्ञान के गौर करने लायक़ नहीं है।

इस सबसे विचलित हुए बिना अगासीज़ अपने सिद्धांत को आगे बढ़ाने के लिए लगातार यात्राएँ करते रहे। 1840 में उन्होंने ग्लासगो में ब्रिटिश असोसिएशन फ़ॉर द ऐडवांसमेंट ऑफ़ साइंस की एक बैठक में अपना एक शोधपत्र पढ़ा, जिसकी चार्ल्स लॉयल जैसे महान व्यक्ति ने खुलकर आलोचना की। अगले साल एडिनबर्ग की जियोलॉजिक सोसायटी ने यह स्वीकार करते हुए एक प्रस्ताव पारित किया कि संभव है कि वह सिद्धांत सही हो, लेकिन उसका कोई भी हिस्सा स्कॉटलैंड पर लागू नहीं होता।

लॉयल को भी अंततः मानना पड़ा। उन्हें इसका आभास तब हुआ, जब उन्होंने गौर किया कि स्कॉटलैंड में उनकी पारिवारिक संपत्ति के नज़दीक हिमोढ़ या चट्टानों की एक श्रंखला, जिससे होकर वह सैकड़ों बार गुज़रे होंगे, दरअसल उसे तभी समझा जा सकता था, जब यह मान लिया जाए कि किसी ग्लेशियर ने उन्हें वहाँ छोड़ा होगा। इसे मानने के बावजूद लॉयल की हिम्मत जवाब दे गई और हिम-युग के विचार को सार्वजनिक समर्थन देने से वह पीछे हट गए। अगासीज़ के लिए काफ़ी हताशा भरा समय था। उनकी शादी टूट रही थी, शिम्पेय उन पर अपने विचारों को चोरी करने का आरोप लगा रहे थे, शापॉन्टिये उनसे बात नहीं कर रहे

थे और उस समय के महानतम भूविज्ञानी का उन्हें समर्थन प्राप्त था, लेकिन वह भी ढुलमुल और उत्साहहीन सा।

1846 में अगासीज़ व्याख्यान देने के लिए अमेरिका पहुँचे और वहाँ आख़िरकार उन्हें वह इज़्ज़त मिली, जिसकी उन्हें चाह थी। हार्वर्ड ने उन्हें प्रोफ़ेसर का पद दिया और उनके लिए म्यूज़ियम ऑफ़ कम्पैरेटिव ज़ूलॉजी जैसा बेहतरीन संग्रहालय बनवाया। इसमें कोई संदेह नहीं कि न्यू इंग्लैंड में बसने से उन्हें मदद मिली, क्योंकि वहाँ की लंबी सर्दियों के कारण लोगों में ठंड के अनंत कालों के विचार के प्रति कुछ हद तक सहानुभूति थी। उनके आने के छह साल बाद ग्रीनलैंड के पहले वैज्ञानिक अभियान में बताया गया कि उस अर्द्ध-महाद्वीप का लगभग पूरा हिस्सा हिम चादर से ढका था, ठीक वैसे ही जैसा कि अगासी के सिद्धांत में प्राचीनकाल की कल्पना की गई थी। अंततः वास्तविक रूप से उनके विचारों का अनुसरण किया जाने लगा था। अगासीज़ के सिद्धांत की एक बड़ी कमी यह थी कि उनके हिम-युग का कोई कारण नहीं था। जल्द ही किसी असंभावित हिस्से से उन्हें सहायता मिलने वाली थी।

1860 के दशक में ब्रिटेन की पत्रिकाओं और अन्य प्रबुद्ध प्रकाशनों को ग्लासगो की ऐंडरसन यूनिवर्सिटी के जेम्स क्रोल से हाइड्रोस्टैटिक या द्रवस्थैतिकी, विद्युत और अन्य वैज्ञानिक विषयों पर शोधपत्र मिलने शुरू हो गए थे। 1864 में *फिलोसॉफ़िकल* मैगज़ीन में छपे एक शोधपत्र में बताया गया था कि कैसे पृथ्वी की कक्षा में आए बदलावों से हिमयुगों की शुरुआत हुई होगी। इसे तुरंत बेहतरीन काम के रूप में मान्यता मिली, लेकिन यह जानकर सबको हैरानी हुई और थोड़ा संकोच भी कि क्रोल उस यूनिवर्सिटी के कोई वैज्ञानिक नहीं, बल्कि रखरखाव का काम करने वाले थे।

1821 में जन्मे क्रोल ग़रीबी में पले-बढ़े और उन्होंने केवल 13 वर्ष की आयु तक ही औपचारिक शिक्षा पाई। उन्होंने बढ़ई, जीवन बीमा बेचने वाले, एक होटल की देखरेख करने वाले जैसे कई काम किए और बाद में ग्लासगो में ऐंडरसन यूनिवर्सिटी (अब स्ट्रेथक्लाइड यूनिवर्सिटी) में रखरखाव का काम शुरू किया। अपने भाई को अपना ज़्यादातर काम सौंपकर वह यूनिवर्सिटी के पुस्तकालय में शाम को चुपचाप भौतिकी, मैकेनिक्स, खगोलशास्त्र, द्रवस्थैतिकी और उस समय के अन्य प्रचलित विज्ञानों का अध्ययन किया करते थे। धीरे-धीरे उन्होंने शोधपत्रों का पूरा सिलसिला तैयार किया, जिनमें ख़ासतौर पर पृथ्वी की गतियों और जलवायु पर उनके प्रभावों पर बल दिया जाता था।

क्रोल पहले व्यक्ति थे, जिन्होंने बताया था कि पृथ्वी की कक्षा की आकृति में आए चक्रीय परिवर्तन, दीर्घवृत्ताकार (यानी थोड़ा अंडाकार) से लगभग वृत्ताकार

और फिर से दीर्घवृत्ताकार से संभवतः हिमयुगों के आने और फिर से पीछे होने को समझा जा सकता है। इससे पहले किसी ने भी पृथ्वी के मौसम में आई भिन्नताओं को खगोलीय व्याख्या से नहीं जोड़ा था। क्रोल के सिद्धांत का ही नतीजा था कि ब्रिटेन के लोग इस अवधारणा के प्रति उत्साहित हुए कि पहले कभी पृथ्वी के कुछ हिस्से हिम की चपेट में रहे होंगे। क्रोल की बुद्धिमत्ता और काबिलियत की पहचान होने पर उन्हें स्कॉटलैंड के जियोलॉजिकल सर्वे में नौकरी दी गई और उन्हें सम्मानित भी किया गया। उनहें लंदन की रॉयल सोसायटी व न्यू यॉर्क अकैडेमी ऑफ़ साइंस का फ़ैलो बनाया गया और सेंट एंड्रयूज़ यूनिवर्सिटी से मानद डिग्री भी दी गई।

आख़िरकार, अगासीज़ के सिद्धांत को यूरोप में समर्थन मिलने लगा था और वह उसे अमेरिका के और अधिक अनोखे क्षेत्रों तक ले जाने में व्यस्त थे। वह जहाँ भी देखते, उन्हें ग्लेशियरों के सबूत मिलते, जिनमें भूमध्य रेखा के नज़दीकी इलाक़े भी शामिल थे। अंततः वह आश्वस्त हो गए कभी पूरी पृथ्वी हिम से ढकी थी और ईश्वर द्वारा रचा गया जीवन पूरी तरह से मिट गया था। अगासीज़ द्वारा दिए गए साक्ष्यों में से कोई भी इसका समर्थन नहीं करता था। इसके बावजूद उनके द्वारा अपनाए गए देश में उनका कद बढ़ता चला गया और लोग उन्हें लगभग देवता स्वरूप मानने लगे। 1873 में उनकी मृत्यु होने पर हार्वर्ड ने उनके स्थान पर तीन प्रोफ़ेसरों की नियुक्ति की।

जैसा कि कई बार होता है, उनके सिद्धांत जल्दी ही प्रचलन से बाहर हो गए। उनकी मृत्यु के एक दशक से भी कम समय में हार्वर्ड में भूविज्ञान के प्रमुख ने लिखा कि "तथाकथित हिमनदीय युग... कुछ वर्ष पहले तक भूविज्ञानियों में बहुत लोकप्रिय था, लेकिन अब उसे बेझिझक ख़ारिज किया जा सकता है।"

एक समस्या यह थी कि क्रोल की गणना ने बताया था कि सबसे हाल का हिम युग अस्सी हज़ार साल पहले का था, जबकि भूवैज्ञानिक साक्ष्य लगातार यह संकेत दे रहे थे कि पृथ्वी काफ़ी हाल में किसी तरह की नाटकीय अव्यवस्था से गुज़री थी। हिम-युग के आने का क्या कारण रहा होगा, इसका कोई स्वीकार्य स्पष्टीकरण न देने के कारण पूरे सिद्धांत पर अस्थायी विराम लग गया। यह उसी अवस्था में रहता, अगर मिलुतिन मिलांकोविच नामक एक सर्बियाई वैज्ञानिक न होते। मिलांकोविच मैकेनिकल इंजीनियर थे और खगोलीय गति के विषय की उनकी कोई पृष्ठभूमि नहीं थी, लेकिन 1900 के प्रारंभिक दशक में उनकी इस विषय में गहरी दिलचस्पी जागी। उन्होंने महसूस किया कि क्रोल के सिद्धांत में समस्या यह नहीं थी कि वह ग़लत था, बल्कि वह बहुत ही सरल था।

अंतरिक्ष में गति करते हुए पृथ्वी पर न केवल अपनी कक्षा की लंबाई व आकृति में भिन्नता का प्रभाव पड़ता है, बल्कि वह सूर्य के प्रति अनुस्थापन के अपने

कोण में आए आवर्ती परिवर्तनों यानी अपने झुकाव व ढाल और डगमगाने से भी प्रभावित होती है। ये सब स्थल के किसी भी हिस्से पर पड़ने वाले सूर्य के प्रकाश की अवधि और तीव्रता को प्रभावित करते हैं। ख़ास तौर पर यह लंबी समयावधि में स्थिति में आए तीन बदलावों पर निर्भर करती है, जिन्हें औपचारिक रूप से तिर्यकता, अग्रगमन और उत्केंद्रता के नाम से जाना जाता है। मिलांकोविच ने विचार किया कि इन तीनों जटिल चक्रों और हिमयुगों के आने व चले जाने के बीच क्या कोई संबंध था। मुश्किल यह थी कि इन चक्रों की अवधि में बहुत अंतर था, जो क्रमशः लगभग बीस हज़ार, चालीस हज़ार और एक लाख वर्षों का था, लेकिन हर मामले में यह कुछ हज़ार वर्षों का था। इसका अर्थ था कि लंबी समयावधि में उनके एक-दूसरे को काटने के बिंदुओं को निर्धारित करने के लिए काफ़ी हिसाब-किताब करने की ज़रूरत पड़ती। मिलांकोविच को दस लाख वर्षों में हर ऋतु में पृथ्वी के हर अक्षांश पर आते हुए सौर विकिरण के कोण व अवधि का पता लगाना था और उसे परिवर्तनशील तीन चर राशियों के लिए समायोजित करना था।

अच्छी बात यह थी कि इस तरह की मेहनत मिलांकोविच के मिजाज से मेल खाती थी। अगले बीस वर्षों तक, यहाँ तक कि छुट्टियों के समय पर भी उन्होंने अपने चक्रों का हिसाब-किताब रखना जारी रखा, जिसे आज कंप्यूटर की मदद से एक-दो दिन में पूरा किया जा सकता है। यह काम वह अपने ख़ाली समय में ही कर सकते थे और 1914 में उन्हें तब काफ़ी वक़्त मिला, जब पहला विश्व युद्ध छिड़ा और उन्हें सर्बियाई सेना में रिज़र्विस्ट होने के कारण गिरफ़्तार कर लिया गया। अगले चार साल वह बुडापेस्ट में एक तरह घर में नज़रबंद रहे और सप्ताह में एक बार उन्हें पुलिस के पास हाज़िरी लगाने जाना पड़ता था। अपना बाक़ी समय वह हंगेरियन अकैडेमी ऑफ़ साइंसेज़ के पुस्तकालय में बिताते थे। संभव है कि वह इतिहास में सबसे प्रसन्नचित्त युद्ध बंदी रहे हों।

उनकी इस मेहनत का नतीजा थी, 1930 में आई उनकी किताब *मैथेमैटिकल क्लाइमैटोलॉजी ऐंड दि ऐस्ट्रोनॉमिकल थ्योरी ऑफ़ क्लाइमेट चेंजेज़*। मिलांकोविच सही थे कि हिमयुगों व ग्रह संबंधी अस्थिरता के बीच संबंध था, हालाँकि ज़्यादातर लोगों की तरह उनका भी यही मानना था कि कड़ी सदियों में आए क्रमिक बढ़ोतरी के कारण ठंडक की अवधि बढ़ी थी। हमारे टेक्टॉनिक मित्र ऐलफ्रेड वीगनर के ससुर व्लादिमीर कौपेन नामक एक रूसी-जर्मन मौसम विज्ञानी ने पाया कि यह प्रक्रिया अधिक सूक्ष्म और अधिक विकट थी।

कौपेन के अनुसार हिमयुगों का कारण ठंडक वाली गर्मियाँ थीं, न कि कठोर सर्दियाँ। यदि गर्मियाँ इतनी ठंडी हों कि किसी इलाक़े में पड़ी बर्फ़ न पिघले तो उन पर पड़ने वाली सूरज की रोशनी परावर्तक सतह के कारण वापस चली जाती है और वह इलाक़ा अधिक ठंडा होता है, जिससे और अधिक बर्फ़ जमा होती है।

जैसा कि ग्लेशियोलॉजिस्ट यानी हिमनद विज्ञानी ग्वेन श्वॉल्ज़ ने गौर किया : "यह ज़रूरी नहीं कि बर्फ़ की *मात्रा* के कारण हिम चादरें बनें, बल्कि यह है कि चाहे बर्फ़ कितनी भी कम हो, लेकिन वह लंबे समय तक बनी रहे।" यह माना जाता है कि हिम युग एक अकेली बेमौसम की ग्रीष्म ऋतु के कारण शुरू हुआ होगा। बची हुई बर्फ़ गर्मी को परावर्तित करती है और ठंड के प्रभाव को तीव्र कर देती है। मैक्फ़ी के अनुसार, "यह प्रक्रिया अपने आप में बढ़ने वाली और न रुकने वाली है, एक बार जब यह बर्फ़ बढ़ने लगती है तो यह गतिशील हो जाती है"। नतीजतन, आगे बढ़ते हिमनद होते हैं और होता है, हिम-युग।

1950 के दशक में काल-निर्धारणक की तकनीक में कमियों के कारण वैज्ञानिक मिलांकोविच द्वारा सावधानी से तैयार किए गए चक्रों को उस समय के हिसाब से हिमयुगों की कथित तिथियों के साथ नहीं जोड़ सके और इस कारण मिलांकोविच और उनकी गणना की अनदेखी हो गई। 1958 में उनकी मृत्यु हो गई। तब तक उस काल के एक विवरण के अनुसार, "आपको उस समय ऐसा कोई भूविज्ञानी या मौसम विज्ञानी नहीं मिला होगा, जो उस मॉडल को एक ऐतिहासिक उत्सुकता से कुछ अधिक न मानता हो।" प्राचीन समुद्र अधस्तल के अवसादों के काल-निर्धारण के लिए पोटैशियम-आर्गन तरीक़े के परिष्कार के बाद 1970 के दशक में जाकर ही उनके सिद्धांतों की अंततः पुष्टि हुई।

हिमयुगों के चक्रों को समझने के लिए मिलांकोविच चक्र ही पर्याप्त नहीं हैं। उनके अलावा और भी कई कारक उनमें शामिल हैं, जैसे महाद्वीपों का विन्यास, विशेषकर ध्रुवों पर मौजूद स्थलाकृतियाँ, लेकिन इनकी बारीकियों को ठीक से नहीं समझा गया, हालाँकि यह कहा गया है कि यदि आप उत्तरी अमेरिका, यूरेशिया और ग्रीनलैंड को खींचकर 500 किलोमीटर उत्तर तक ले जाएँ तो हमारे पास स्थायी और अपरिहार्य हिम युग होंगे। लगता है कि हम काफ़ी भाग्यशाली हैं कि हमें अच्छा मौसम नसीब है। हिमयुगों में मौजूद इंटरग्लेशियल यानी अंतर हिमानी कहलाने वाले तुलनात्मक रूप से सुहावने मौसम के चक्रों को भी बहुत कम समझा गया है। यह देखना भी दिलचस्प है कि समूचे मानव इतिहास में कृषि का विकास, शहरों का निर्माण, गणित, लेखन और विज्ञान का उदय समेत कई घटनाएं अच्छे मौसम के असामान्य हिस्से में हुई। पिछली अंतर हिमानियाँ आठ हज़ार वर्षों तक क़ायम रहीं। हमारी अपनी दस-हज़ारवीं वर्षगाँठ को पार कर चुकी है।

सच्चाई यही है कि हम अब भी हिम-युग में हैं, अंतर बस इतना है कि अब यह सिकुड़ा हुआ है, हालाँकि यह कई लोगों की कल्पना से कहीं कम सिकुड़ा है। हिमाच्छादन के पिछले काल के चरम पर, लगभग बीस हज़ार साल पहले, पृथ्वी के भूभाग का तक़रीबन 30 फ़ीसदी हिस्सा बर्फ़ के नीचे था। दस प्रतिशत अब

भी है। (और 14 प्रतिशत स्थायी रूप से जमा हुआ है।) पृथ्वी के स्वच्छ पानी का तीन-चौथाई हिस्सा बर्फ़ के रूप में है और अब भी दोनों ध्रुवों पर हिम शिखर हैं, संभव है कि यह स्थिति पृथ्वी के इतिहास में अनोखी हो। यह बात सहज लगती है कि दुनिया के कई हिस्सों में बर्फ़ीली सर्दियाँ होती हैं और न्यू ज़ीलैंड जैसे समशीतोष्ण स्थानों तक में हिमानियाँ मौजूद हैं, लेकिन असल में यह हमारी पृथ्वी के लिए सबसे असामान्य स्थिति है।

इतिहास में अधिकांश समय और बहुत हाल के समय तक पृथ्वी का सामान्य पैटर्न यह था कि वह गर्म रहती थी और उसमें कहीं भी स्थायी बर्फ़ नहीं थी। वर्तमान हिम-युग वास्तव में लगभग चालीस मिलियन साल पहले शुरू हुआ और वह हिंसक ढंग से बुरा से लेकर बिलकुल भी बुरा नहीं तक विस्तृत है। हम बाद वाली स्थिति के समय में रहते हैं। हिम-युग अपने से पहले के हिमयुगों के साक्ष्य को मिटा देते हैं, इसलिए आप जितना पीछे जाते हैं, तसवीर उतनी ही अधूरी होती जाती है, लेकिन प्रतीत होता है कि पिछले लगभग 2.5 मिलियन वर्षों में कम से कम सत्रह गंभीर हिमनद घटनाएं हुई हैं - यह काल अफ्रीका में *होमोइरेक्टस* के उदय के साथ मेल खाता है, जिसके बाद आधुनिक मानवों का विकास हुआ। वर्तमान युग के दो सबसे आम दोषी हैं, हिमालय का उठना और पनामा के इस्मस का बनना, पहले ने हवा के प्रवाह को बाधित किया और दूसरे ने महासागरीय धाराओं को। कभी द्वीप रहे भारत ने पिछले 45 मिलियन वर्षों में 2000 किलोमीटर को एशियाई स्थलीय क्षेत्र में धकेला है, जिससे न केवल हिमालय ऊपर उठा, बल्कि उसके पीछे का विशाल तिब्बती पठार भी। अनुमान यह है कि वह ऊँची जगह न सिर्फ़ ज़्यादा ठंडी थी, बल्कि उसने हवाओं को इस तरह मोड़ा कि वे उत्तर की ओर उत्तरी अमेरिका की तरफ़ बहने लगीं, जिससे उस इलाक़े में दीर्घकालीन ठंड अधिक पड़ने लगी। उसके बाद लगभग पाँच मिलियन साल पहले, पनामा समुद्र से उठा और उसने उत्तरी व दक्षिणी अमेरिका के बीच के अंतराल को भर दिया, जिससे प्रशांत व अटलांटिक के बीच की गर्म धाराओं का प्रवाह बाधित हुआ और फिर कम से कम आधी दुनिया के वृष्टिपात के पैटर्न में बदलाव आया। इसका एक परिणाम तो यह था कि अफ़्रीका सूख गया और उसके कारण वानरों को पेड़ों से नीचे आकर उभरते सवाना में जीने के नए तरीक़े की तलाश करनी पड़ी।

बहरहाल, जिस तरह से महासागर व महाद्वीप वर्तमान में व्यवस्थित हुए हैं, उससे यही लगता है कि बर्फ़ हमारे भविष्य का दीर्घकालीन हिस्सा रहेगी। जॉन मैक्फ़ी के अनुसार, तक़रीबन पचास और हिमाच्छादन घटनाए अपेक्षित हैं, जिनमें से हरेक लगभग एक लाख साल तक रहेगी और उसके बाद ही हम बर्फ़ के गलने की उम्मीद कर सकते हैं।

50 मिलियन वर्ष पहले पृथ्वी पर कोई नियमित हिम-युग नहीं थे, लेकिन जब वे आए तो काफ़ी विशालकाय थे। लगभग 2.2 बिलियन वर्ष पहले बड़े पैमाने पर बर्फ़ जमी थी और उसके बाद लगभग एक बिलियन वर्ष तक गर्माहट रही। उसके बाद एक और हिम-युग आया, जो कि पहले के मुक़ाबले ज़्यादा बड़ा था, इतना बड़ा कि कुछ वैज्ञानिकों ने उस काल को, जिसमें वह आया था, उसे क्रायोजेनियन यानी महा हिम-युग का नाम दिया। इस स्थिति को आम तौर पर स्नोबॉल अर्थ के रूप में जाना जाता है।

स्नोबॉल हालाँकि स्थिति की क्रूरता को बयान नहीं करता। सिद्धांत यह है कि सौर विकिरण में लगभग 6 प्रतिशत की गिरावट और ग्रीनहाउस गैसों के उत्पादन (या अवरोधन) में कमी के कारण पृथ्वी ऊष्मा को बनाए रखने की अपनी क्षमता खो बैठी। समूचे अंटार्कटिका में ऐसा हुआ। तापमान में 45 डिग्री सेल्सियस तक की गिरावट आ गई। हमारे ग्रह की पूरी सतह जमकर ठोस हो जाती और ऊँचे अक्षांशों पर महासागर की बर्फ़ 800 मीटर तक तथा उष्णकटिबंधों पर भी कई मीटर मोटी हो जाती।

इसमें एक गंभीर समस्या यह है कि भूवैज्ञानिक साक्ष्यों के अनुसार भूमध्य रेखा के आस-पास समेत हर जगह बर्फ़ थी, जबकि जैव वैज्ञानिक सबूत भी उतनी ही मज़बूती से इशारा करते हैं कि कहीं न कहीं उन्मुक्त जल रहा होगा। सायानोबैक्टीरिया इस अनुभव में भी जीवित रहे और वे प्रकाश संश्लेषण करते थे। उसके लिए उन्हें सूरज की रोशनी की ज़रूरत थी, लेकिन यदि आपने बर्फ़ को ध्यान से देखा होगा, तो आप जानते होंगे कि वह बहुत जल्दी पारभासी हो जाती है और कुछ दूरी के बाद प्रकाश उसके पार नहीं जा सकता। इसमें दो संभावनाएँ व्यक्त की गईं। पहली यह कि महासागर का थोड़ा पानी उजागर रहा (शायद किसी प्रकार की स्थानीय गर्मी के कारण); दूसरी संभावना यह थी कि शायद बर्फ़ इस तरह से बनी होगी कि वह साफ़ रही, जो स्थिति कुदरत में कई बार बनती है।

अगर वाक़ई धरती जम गई थी, तो एक मुश्किल सवाल यह है कि वह फिर से गर्म कैसे हुई होगी। बर्फ़ीला ग्रह इतनी ऊष्मा परावर्तित करेगा कि वह हमेशा के लिए जमा रहेगा। ऐसा लगता है हमारी पृथ्वी के पिघले हुए आंतरिक भाग ने हमें बचाया होगा। एक बार फिर हम अपने अस्तित्व के लिए टेक्टॉनिक्स के ऋणी हैं। हो सकता है कि हमें ज्वालामुखियों ने बचाया होगा, जो दबी हुई सतह को धकेलकर निकले होंगे और फिर बहुत सी ऊष्मा व गैसें निकलीं, जिन्होंने बर्फ़ को पिघलाया और वायुमंडल को फिर से तैयार किया। यह जानना दिलचस्प है कि इस अत्यधिक ठंड के बाद कैम्ब्रियन विस्फोट हुआ यानी जीवन के इतिहास की वसंत ऋतु का आगमन हुआ। असल में यह उतना शांत भी नहीं रहा होगा। गर्म होने के साथ ही संभव है कि पृथ्वी ने सबसे प्रचंड मौसम को झेला हो, जिसमें

इतने ज़बरदस्त तूफ़ान आए हों कि लहरें गगनचुंबी इमारतों की ऊँचाई तक उठी हों और ज़ोरदार बारिश हुई हो।

इस सबसे बेख़बर ट्यूबवर्म्स, घोंघे और गहरे महासागरी छिद्रों में रहने वाले जीवन के अन्य स्वरूप पलते-बढ़ते रहे, लेकिन पृथ्वी पर मौजूद जीवन संभवतः पूरी तरह समाप्त होने के कगार पर आ पहुँचा था। यह काफ़ी पहले की बात है और इस चरण की हमें कोई जानकारी नहीं है।

क्रायोजेनियन विस्फोट की तुलना में बहुत हाल के हिम-युग काफ़ी छोटे पैमाने के लगते हैं, लेकिन धरती पर आज जो कुछ मौजूद है, उसके मानकों के लिहाज़ से वे बहुत भव्य थे। यूरोप के ज़्यादातर हिस्से और उत्तरी अमेरिका को ढकने वाली विसकॉन्सियन हिमचादर कई जगहों पर 3 किलोमीटर से अधिक मोटी थी और 120 मीटर प्रति वर्ष की दर से आगे बढ़ती थी। वह अनोखा नज़ारा रहा होगा। आगे के हिस्से में भी हिमचादरें 800 मीटर तक मोटी हो सकती हैं। उतनी ऊँची बर्फ़ की दीवार की बुनियाद पर खड़े होने की कल्पना करें। इसके आगे लाखों वर्ग किलोमीटर का इलाक़ा बस बर्फ़ का विस्तार हो और कहीं-कहीं पहाड़ की ऊँची चोटियाँ निकलती दिखें। समूचे महाद्वीप इतनी भारी बर्फ़ के नीचे दबे हुए थे और हिमनदों की वापसी के बारह हज़ार वर्षों के बाद आज भी वापस ऊपर आ रहे हैं। हिमचादरों ने शिलाखंडों और कंकरीले हिमोढ़ों की लंबी कतारों को आगे की तरफ़ नहीं खिसकाया, बल्कि धीरे-धीरे आगे बढ़ते हुए समूचे स्थलीय खंडों को वहाँ पर डाल दिया, जैसे लॉन्ग आइलैंड, केप कॉड और नैनटकेट इत्यादि। आश्चर्य नहीं कि अगासीज़ से पहले के भूविज्ञानियों को भूदृश्यों की संरचना बदलने की हिमनदों की बड़ी क्षमता को समझने में मुश्किल हुई।

यदि ये चादरें फिर आगे बढ़ीं, तो हमारे पास ऐसा कुछ नहीं है, जो इन्हें वापस मोड़ सके। 1964 में उत्तरी अमेरिका के एक सबसे बड़े हिमनदीय क्षेत्रों में अलास्का के प्रिंस विलियम साउंड में उस महाद्वीप का सबसे ज़ोरदार भूकंप आया था, रिक्टर स्केल पर जिसकी तीव्रता 9.2 थी। भ्रंश रेखा पर ज़मीन छह मीटर तक ऊँची उठ गई थी। वह भूकंप इतना हिंसक था कि टेक्सस के तालाबों से पानी बाहर निकल गया था। इस अनोखी घटना का प्रिंस विलियम साउंड के हिमनदों पर क्या असर पड़ा होगा? दरअसल, कुछ भी नहीं। उन्होंने उसे सोख लिया और आगे बढ़ते रहे।

काफ़ी समय तक यह माना जाता था कि हज़ारों वर्षों के दौरान हम क्रमिक रूप से हिम-युग में प्रवेश करते रहे और उनसे निकलते रहे, लेकिन अब हमें जानकारी है कि ऐसा नहीं हुआ था। ग्रीनलैंड के हिम कोरों की बदौलत हमारे पास सैकड़ों-हज़ारों वर्षों से अधिक समय की जलवायु का विस्तृत ब्योरा है और जो कुछ यहाँ मिला, वह

तसल्ली नहीं देता है। इससे पता चलता है कि अपने हाल के इतिहास के ज़्यादातर हिस्से में पृथ्वी उतनी स्थिर व शांत जगह नहीं रही है, जैसा कि हमें जानकारी है। वह तो गर्माहट और कठोर ठंडक के कालों के बीच तेज़ी से झटके खाती रही है।

लगभग बारह हज़ार साल पहले पिछले बड़े हिमाच्छादन के अंत तक पहुँचते-पहुँचते पृथ्वी गर्म होने लगी और यह तेज़ी से हुआ, लेकिन फिर वह अचानक तक़रीबन एक हज़ार वर्षों के लिए कड़ाके की ठंड में चली गई, जिसे विज्ञान में यंगर ड्रायस के नाम से जाना जाता है। (आर्कटिक पौधे ड्रायस से यह नाम आया है, जो हिमचादर के पीछे हटने के बाद ज़मीन को फिर से आबाद करता है। एक ओल्डर ड्रायस काल भी था, लेकिन वह इतना सुस्पष्ट नहीं था।) इन एक हज़ार साल के बाद औसत तापमान फिर बढ़ा और बीस वर्षों में यह 4 डिग्री सेल्सियस तक बढ़ा, जो ज़्यादा बड़ा नहीं लगता, लेकिन यह केवल दो दशकों में स्कैंडिनेविया की जलवायु को भूमध्यसागरीय जलवायु से अदला-बदली करने जैसा है। स्थानीय तौर पर ये बदलाव कहीं ज़्यादा नाटकीय रहे हैं। ग्रीनलैंड के हिम कोर दिखाते हैं कि दस वर्षों में वहाँ पर तापमान में 8 डिग्री सेल्सियस तक का बदलाव आया है, जिससे वर्षा के पैटर्न और पैदावार की परिस्थितियों में भयावह परिवर्तन हुआ है। यह काफ़ी बेचैन कर देने वाली बाता है। आज परिणामों की कल्पना करना मुश्किल है।

ख़तरनाक बात यह है कि हमें ज़रा भी अंदाज़ा नहीं है कि प्राकृतिक घटनाएँ बहुत तेज़ी से पृथ्वी के थर्मामीटर को हिलाकर रख सकती हैं। *न्यू यॉर्कर* में एलिज़ाबेथ कोलबर्ट ने लिखा है : “कोई बाहरी ताक़त या फिर कोई अन्य अनुमानित चीज़ इतने ज़बरदस्त ढंग से तापमान को आगे-पीछे करने की क्षमता नहीं रखती है, जितनी कि इन कोरों ने दिखाई है।” वह आगे कहती हैं, “ऐसा लगता है कि कोई विशाल और भयावह फीडबैक लूप है”, शायद जिससे महासागर और उनके संचरण के सामान्य पैटर्न में आने वाली बाधाएँ जुड़ी हैं, लेकिन इस सबको समझना अभी बाक़ी है।

एक सिद्धांत है कि यंगर ड्रायस के शुरुआती दिनों में पिघले हुए पानी के समुद्र में जाने से उत्तरी महासागरों की लवणता (और इस कारण घनत्व में भी) में कमी आई, जिससे गल्फ़ स्ट्रीम दक्षिण की ओर ऐसे मुड़ती है, जैसे कोई चालक टक्कर से बचने के लिए झटके से मुड़ जाए। गल्फ़ स्ट्रीम की गर्माहट से वंचित होने पर उत्तरी अक्षांश में फिर से कड़ाके की ठंड पड़ने लगी। इससे हालाँकि यह पता नहीं चलता कि एक हज़ार साल बाद जब पृथ्वी फिर से गर्म होने लगी, तो गल्फ़ स्ट्रीम क्यों नहीं मुड़ी। इसकी बजाय हमें अनोखी शांति का काल मिला, जिसे होलोसीन यानी नूतनतम काल कहा जाता है, वही समय जिसमें अभी हम हैं।

यह मानने का कोई कारण नहीं है कि जलवायु संबंधी यह स्थिरता लंबे समय तक रहेगी। कुछ विशेषज्ञों ने तो इससे बदतर की आशंका जताई है। यह मानना स्वाभाविक है कि ग्लोबल वॉर्मिंग यानी भूमंडलीय तापन वापस हिमनदीय परिस्थितियों में लौटने की पृथ्वी की प्रवृत्ति के विरुद्ध उपयोगी होगा। जैसा कि कोलबर्ट ने बताया है कि जब आपका सामना उतार-चढ़ाव वाली अप्रत्याशित जलवायु से होता है तो "आप उस पर बिना किसी निरीक्षण के कोई व्यापक प्रयोग करने की बात नहीं सोच सकते"। पहले की तुलना में अब अधिक स्वीकार्य रूप से माना जा रहा है कि असल में तापमान में बढ़ोतरी के कारण हिम-युग आया होगा। हल्की सी गर्मी से वाष्पीकरण की दर बढ़ जाएगी और उससे अधिक बादल बनेंगे, जिससे ऊँचे अक्षांशों पर बर्फ़ लगातार जमा होती जाएगी। वास्तव में ग्लोबल वॉर्मिंग से विश्वसनीय, लेकिन विरोधाभासी ढंग से उत्तरी अमेरिका और उत्तरी यूरोप में ज़बरदस्त स्थानीय शीतलन होगा।

जलवायु कई कारकों का परिणाम होता है, जिनमें कार्बन डाइऑक्साइड स्तरों का बढ़ना व घटना, महाद्वीपों का खिसकना, सौर गतिविधि, मिलांकोविच चक्रों का डगमगाना शामिल हैं। इस कारण अतीत की घटनाओं को समझना भी उतना ही मुश्किल है, जितना कि भविष्य की घटनाओं का पूर्वानुमान लगाना। काफ़ी कुछ है जो हमारी समझ से परे है। अंटार्कटिका को ही लें, दक्षिण ध्रुव में स्थापित होने के कम से कम 20 मिलियन वर्षों तक यहाँ पर पेड़-पौधे रहे और बर्फ़ का नामोनिशान नहीं था, जबकि ऐसा होना नहीं चाहिए था।

कुछ बाद के डायनोसॉर्स के ज्ञात क्षेत्र भी कम हैरतअंगेज़ नहीं हैं। ब्रिटिश भूविज्ञानी स्टीफ़न ड्रुरी ने गौर किया कि उत्तरी ध्रुव के 10 डिग्री अक्षांशों के भीतर मौजूद जंगलों में टिरैनोसॉरस रेक्स समेत कई विशालकाय जंतु रहते थे। वह लिखते हैं, "यह बहुत अजीब है, क्योंकि इतनी अधिक ऊँचाई पर साल में लगातार तीन महीने अंधेरा रहता है।" इसके अलावा अब इस बात के सबूत हैं कि वहाँ पर कड़ाके की ठंड पड़ती थी। ऑक्सीजन आइसोटोप अध्ययन बताते हैं कि फ़ेयरबैंक्स, अलास्का के आस-पास तापमान क्रेटेशियस काल के उत्तरार्द्ध में भी लगभग वैसा ही था, जितना कि अब है। तो टिरैनोसॉरस वहाँ क्या कर रहा था? वह या तो बड़ी दूरी तय करके किसी ख़ास ऋतु में वहाँ आता होगा या फिर वह बर्फ़ की टीलों में अंधेरे में रहता होगा। ऑस्ट्रेलिया में, जो कि उस समय अधिक ध्रुवीय स्थिति में था, अधिक गर्म जलवायु में शरण लेना संभव नहीं था। इस बात का केवल अनुमान लगाया जा सकता है कि उन परिस्थितियों में आख़िर डायनोसॉर्स वहाँ पर कैसे जीवित रह सके।

एक बात ध्यान में यह रखी जानी चाहिए कि यदि किसी भी कारण से हिमचादरें फिर बनने लगीं, तो इस बार उनके लिए काफ़ी पानी होगा। पिछले

हिम-युग के दौरान ग्रेट लेक्स, हडसन बे, कैनेडा की असंख्य झीलें मौजूद नहीं थीं, जो उसे और बढ़ा सकती थीं। हिम-युग के कारण ये बनीं, जबकि दूसरी ओर, हमारे इतिहास के अगले चरण में हम हिम बनाने की बजाय उसे पिघला अधिक रहे होंगे। यदि सभी हिमचादरें पिघल जाएँ, तो समुद्र के स्तरों में एक बीस मंज़िला इमारत के बराबर यानी 60 मीटर की वृद्धि होगी और दुनिया का हर तटीय शहर पानी में डूब जाएगा। अल्पकाल में कम से कम मुमकिन है कि पश्चिमी अंटार्कटिक हिमचादर सिकुड़ जाए। पिछले पचास वर्षों में इसके आस-पास का पानी 2.5 डिग्री सेल्सियस तक गर्म हुआ है और सिकुड़ने की रफ़्तार बहुत तेज़ी से बढ़ी है। इस इलाक़े के बुनियादी भूविज्ञान के कारण बड़े पैमाने पर ऐसा होना संभव है। ऐसा हुआ, तो वैश्विक रूप से समुद्र के स्तर बढ़ेंगे और काफ़ी तेज़ी से औसतन 4.5 और 6 मीटर के बीच बढ़ेंगे।

असाधारण तथ्य यह है कि हम नहीं जानते कि किस बात की संभावना अधिक है : अत्यधिक ठंडक देने वाला अनंतकालीन भविष्य या फिर भापयुक्त गर्मी देने वाला भविष्य। केवल एक बात निश्चित है : हम तलवार की धार पर हैं।

संयोगवश, दीर्घकाल में हिम-युग का होना किसी भी तरह से हमारे ग्रह के लिए बुरा नहीं होगा। वे चट्टानों का चूरा बना देते हैं, अपने पीछे शानदार उपजाऊ मिट्टी छोड़ जाते हैं और मीठे पानी की झीलें बनाते हैं, जो प्राणियों की सैकड़ों प्रजातियों को पोषण उपलब्ध कराती हैं। वे प्रवास को प्रोत्साहित करते हैं, जिससे ग्रह गत्यात्मक रहता है। टिम फ़्लैनरी के शब्दों में कहें तो, "किसी महाद्वीप के लोगों की नियति को निर्धारित करने के लिए आपको बस एक सवाल करना होता है : "क्या आपके पास बढ़िया हिम-युग था?" इस बात के मद्देनज़र अब वानर की एक प्रजाति को देखने का समय आ गया है, जिसके पास यह था।

28

रहस्यमय द्विपाद

1887 में क्रिसमस से ठीक पहले मेरी यूजीन फ्रांस्वा टॉमस ड्यूब्वा नाम का एक नौजवान डच डॉक्टर* (जिसका नाम डच जैसा नहीं था) पृथ्वी पर प्रारंभिक मानव अवशेषों की खोज के इरादे से डच ईस्ट इंडीज़ के सुमात्रा पहुँचा।

इस मामले में काफ़ी कुछ असाधारण था। इससे पहले कोई प्राचीन मानव आस्थियों की खोज में कभी नहीं गया था। अब तक जो कुछ पाया गया था, वह संयोगवश मिला था और ड्यूब्वा की पृष्ठभूमि में ऐसा कुछ नहीं था, जो यह बताता कि उस काम के लिए वह आदर्श व्यक्ति थे। उन्होंने शरीर-रचना विज्ञान का प्रशिक्षण लिया था और जीवाश्म विज्ञान से उनका कोई नाता नहीं था। न ही ऐसा मानने का कोई ख़ास कारण था कि ईस्ट इंडीज़ में प्रारंभिक मानव अवशेष मिल सकते हैं। तर्क के अनुसार यदि प्राचीन लोगों की तलाश करनी थी, तो वह किसी बड़े लंबे समय से आबाद स्थान पर करनी चाहिए थी, न कि किसी सुदूर द्वीप समूह पर। ड्यूब्वा को बस इसका अनुमान था, इसके अलावा रोज़गार की उपलब्धता और सुमात्रा में गुफाओं की भरमार होने की उन्हें जानकारी थी, ऐसा वातावरण, जिसमें तब तक के सबसे अहम हॉमिनिड जीवाश्म पाए जाते रहे थे।† इस सबमें सबसे असाधारण बात यह है कि यह लगभग चमत्कारपूर्ण है कि उन्हें वह मिला, जिसकी उन्हें तलाश थी।

---

*ड्यूब्वा डच तो थे, लेकिन वह बेल्जियम के फ्रांसीसी भाषी हिस्से की सीमा से लगे आइज़्डेन के थे।

† मानवों को हॉमिनिड वर्ग में रखा जाता है। इसके सदस्यों को पारंपरिक रूप से हॉमिनिड कहा जाता है और इनमें उन सभी प्राणियों को (विलुप्त प्राणियों को भी) रखा जाता है, जो फ़िलहाल मौजूद चिंपांज़ियों की तुलना में हमसे ज़्यादा नज़दीकी से जुड़े हैं। वानरों को पॉन्जिडे वर्ग में रखा जाता है। कई विशेषज्ञों का मानना है कि चिंपांज़ी, गोरिल्ला और ऑरेंगउटान को हॉमिनिड में शामिल किया जाना चाहिए और उन्हें मनुष्यों व चिंपांज़ियों के उपवर्ग हॉमिनिड में रखा जाना चाहिए। इसके परिणामस्वरूप, इस व्यवस्था के अंतर्गत पारंपरिक रूप से हॉमिनिड कहलाने वाले प्राणी हॉमिनिन्स हो जाते हैं। (लीकी और अन्य इस पर ज़ोर देते हैं।) हॉमिनॉयडिया वानर महावर्ग है, जिसमें हम भी शामिल हैं।

उस समय जब ड्यूब्वा ने खोई हुई कड़ी को तलाश करने की योजना बनाई, तब मानव जीवाश्म रिकॉर्ड बहुत कम थे : पाँच अधूरे निएंडरथल कंकाल, जबड़े की हड्डी का एक हिस्सा जिसकी उत्पत्ति का स्थान अनिश्चित था और आधे दर्जन हिमयुगीन मानव जो तभी फ्रांस के लेजेज़ी के नज़दीक को-मैन्यो में रेलवे कर्मचारियों द्वारा पाए गए थे। निएंडरथल नमूनों में से सबसे अच्छी तरह संरक्षित नमूना लंदन के किसी शेल्फ़ में रखा हुआ था, जिस पर कोई ध्यान नहीं देता था। वह 1848 में जिब्राल्टर में एक खदान में विस्फोट के समय कामगारों को मिला था, इसलिए उसका संरक्षण हैरानी भरा ज़रूर था, लेकिन बदक़िस्मती से उसकी क़दर करने वाला कोई नहीं था। जिब्राल्टर साइंटिफ़िक सोसायटी की एक बैठक में संक्षिप्त विवरण के बाद उसे हंटेरियन म्यूज़ियम में भेज दिया गया, जहाँ पर वह आधी सदी से ज़्यादा समय तक ऐसे ही पड़ा रहा। 1907 में जाकर उसका पहला औपचारिक विवरण लिखा गया और फिर विलियम सॉलिऐस नामक एक भूविज्ञानी ने उसे 'शरीर रचना विज्ञान में उसे क्षणिक पात्रता' वाला कहा।

तो पहले प्रारंभिक मानव का नाम और उसकी खोज का श्रेय मिला जर्मनी की निएंडर घाटी को, जो उपयुक्त भी था, क्योंकि अजीबोग़रीब संयोग यह है कि ग्रीक भाषा में *निएंडर* का मतलब होता है, 'नया आदमी'। 1856 में वहाँ पर एक अन्य खदान में कामगारों को कुछ अनोखी हड्डियाँ मिलीं, जिन्हें यह सोचकर एक स्थानीय शिक्षक को दे दिया गया गया कि प्राकृतिक चीज़ों में उनकी दिलचस्पी थी। योहान कार्ल फ़हरॉट नामक उस शिक्षक ने पाया कि उनके पास एक नए प्रकार का मानव था, जो कि वह था, लेकिन उसकी ख़ासियत को लेकर काफ़ी समय तक विवाद चलता रहा।

कई लोगों ने यह मानने से इनकार कर दिया कि निएंडरथल अस्थियाँ प्राचीन थीं। बॉन यूनिवर्सिटी में प्रोफ़ेसर और एक प्रभावशाली व्यक्ति ऑगुस्त माया ने ज़ोर दिया कि वे हड्डियाँ किसी मंगोलियाई कॉसेक सैनिक की थीं, जो 1814 में जर्मनी में लड़ते हुए घायल हो गया था और उस गुफा में उसकी मौत हो गई थी। यह सुनकर इंग्लैंड में टी.एच. हक्सले ने व्यंग्यपूर्ण टिप्पणी की कि कितनी अनोखी बात थी कि बुरी तरह से घायल वह सैनिक खड़ी चट्टान पर 60 फीट ऊपर चढ़ा, अपनी चीज़ें व कपड़े वगैरह उतारे, गुफा का मुँह बंद किया और फिर दो फ़ीट गहरी मिट्टी में उसने खुद को गाड़ लिया। निएंडरथल के भारी भ्रूकटक से पशोपेश में पड़े एक अन्य मानवविज्ञानी का कहना था कि वह बाँह के अगले हिस्से की हड्डी टूटने और उसके ठीक से न जुड़ पाने के कारण बार-बार त्योरी चढ़ाने की वजह से हुआ था। (प्रारंभिक मानवों के विचार को ख़ारिज करने की उतावली में विशेषज्ञ अनोखी संभावनाओं तक को स्वीकारने को तैयार थे। लगभग जिस समय

ड्यूब्वा सुमात्रा के लिए निकल रहे थे, उसी समय पेरिगू में मिले एक कंकाल को बड़े यकीन के साथ किसी एस्कीमो का घोषित कर दिया गया था, हालाँकि यह कभी नहीं बताया गया कि वह एस्कीमो दक्षिण पश्चिम फ्रांस में उस समय क्या कर रहा था। वह वास्तव में एक प्रारंभिक क्रो-मैग्नन था।)

इस तरह की पृष्ठभूमि में ड्यूब्वा ने प्राचीन मानव अस्थियों की अपनी खोज शुरू की। उन्होंने खुद खुदाई नहीं की, बल्कि डच अधिकारियों द्वारा उन्हें दिए गए पचास कैदियों का इस्तेमाल इस काम के लिए किया। एक साल तक उन्होंने सुमात्रा में काम किया और फिर जावा चले गए। वहीं पर 1891 में ड्यूब्वा या यूँ कहें कि उनकी टीम को, क्योंकि वह खुद उन स्थलों पर कभी-कभार ही जाते थे, त्रिनिल कपाल नाम से ज्ञात प्राचीन मानव खोपड़ी का एक हिस्सा मिला। वह खोपड़ी का मात्र एक भाग था, लेकिन उससे पता चला कि उस इंसान में कुछ विलक्षण मानवेतर गुण थे, लेकिन किसी भी वानर की तुलना में उसका मस्तिष्क काफ़ी बड़ा था। ड्यूब्वा ने उसे *ऐंथ्रोपिथेकस इरेक्टस* (बाद में तकनीकी कारणों से उसे बदलकर *पिथेकैंथ्रोपस इरेक्टस* कर दिया गया) नाम दिया और घोषणा की कि वह वानरों और मानवों के बीच की खोई हुई कड़ी था। उसे जल्द ही 'जावा मैन' के रूप से जाना गया। आज उसे हम *होमो इरेक्टस* के नाम से जानते हैं।

उसके अगले साल ड्यूब्वा के कामगारों को जाँघ की एक पूरी हड्डी मिली, जो आश्चर्यजनक रूप से आधुनिक लगती थी। दरअसल, कई मानवविज्ञानियों को लगा कि वह आधुनिक है और उसका जावा मैन से कोई लेना-देना नहीं है। यदि यह इरेक्टस अस्थि है, तो वह तब से पाई गई किसी भी अस्थि से अलग है। ड्यूब्वा ने उससे यह परिणाम निकाला कि *पिथेकैंथ्रोपस* सीधे चलते थे, जो सही भी था। उन्होंने खोपड़ी के एक हिस्से, एक दाँत से एक संपूर्ण खोपड़ी का मॉडल तैयार किया, जो असाधारण रूप से सटीक था।

1895 में ड्यूब्वा इस उम्मीद के साथ यूरोप लौटे कि उनका भव्य स्वागत होगा। उसके उलट, उन्हें बिलकुल विपरीत प्रतिक्रिया मिली। अधिक वैज्ञानिकों को न तो उनके निष्कर्ष पसंद आए और न ही उन्हें प्रस्तुत करने का उनका अभिमान भरा तरीक़ा। उनका कहना था कि वह कपाल गिबन का था, न कि किसी प्रारंभिक मानव का। अपनी बात को आधार देने के लिए ड्यूब्वा ने 1897 में स्ट्रैसबर्ग यूनिवर्सिटी के एक सम्मानित शरीर-रचना विज्ञानी गुस्ताव श्वाल्ब को उसका एक सांचा बनाने की अनुमति दी। ड्यूब्वा को तब बड़ी निराशा हुई, जब उनके लेखों के बजाय श्वाल्ब द्वारा तैयार मोनोग्राफ़ पर अधिक ध्यान दिया गया। श्वाल्ब ने एक व्याख्यान यात्रा भी की और उसमें उन्हें इतनी प्रसिद्धि मिली जैसे कि उन्होंने ही उसे खोज निकाला था। आश्चर्यचकित और कड़वाहट से भरे ड्यूब्वा ने ऐमस्टरडम यूनिवर्सिटी में भूविज्ञान के प्रोफ़ेसर का सामान्य सा ओहदा ले लिया और अगले

दो दशकों तक किसी को भी अपने बहुमूल्य जीवाश्मों के निरीक्षण के लिए उनके नज़दीक नहीं फटकने दिया। 1940 में उनकी मृत्यु हो गई।

इस बीच, आधी दुनिया दूर, 1924 के उत्तरार्द्ध में जोहानेसबर्ग में विटवाटरस्रैंड यूनिवर्सिटी में ऑस्ट्रेलिया में जन्मे शरीर-रचना विज्ञान के प्रमुख रेमंड डार्ट को एक बच्चे की छोटी सी, लेकिन असाधारण रूप से संपूर्ण खोपड़ी भेजी गई। उसमें स्पष्ट चेहरा, निचला जबड़ा और ऐंडोकास्ट कहलाने वाला मस्तिष्क का प्राकृतिक ढाँचा मौजूद था। यह खोपड़ी कालाहारी मरुस्थल के छोर पर टॉन्ग नामक एक धूल भरी जगह में चूनापत्थर की खदान से मिली थी। डार्ट तुरंत समझ गए कि टॉन्ग से मिली खोपड़ी ड्यूब्वा के जावा मैन की तरह *होमो इरेक्टस* की नहीं थी, बल्कि उससे भी पहले के किसी वानर जैसे प्राणी की थी। उन्होंने उसकी आयु को दो मिलियन वर्ष निर्धारित किया और उसे *ऑस्ट्रेलोपिथेकस अफ़्रीकानस* या 'अफ़्रीका का दक्षिणी वानर-मानव' नाम दिया। *नेचर* की एक रिपोर्ट में डार्ट ने टॉन्ग अवशेषों को 'आश्चर्यजनक रूप से मानवोचित' कहा और यह भी कि इस खोज को स्थान देने के लिए एक नए वर्ग *होमो सिमियाडे* ('मानव-वानर') की आवश्यकता होगी।

ड्यूब्वा के मुक़ाबले डार्ट को विशेषज्ञों ने और कम तरज़ीह दी। उनके सिद्धांत की लगभग हर चीज़, यहाँ तक कि उनसे जुड़ी हर बात भी विशेषज्ञों में चिढ़ पैदा करती थी। सबसे पहले तो उन्होंने दुनिया के अधिक बड़े विशेषज्ञों की मदद लेने की बजाय खुद सारा विश्लेषण करके बहुत बुरी तरह से ढिठाई दिखाई थी। उनके द्वारा चुना गया नाम *ऑस्ट्रेलोपिथेकस* विद्वता की कमी को दिखाता था, क्योंकि उन्होंने ग्रीक और लैटिन मूल के शब्दों को मिलाया था। इससे भी बड़ी बात यह थी कि ये निष्कर्ष स्वीकार्य ज्ञान के विपरीत थे। माना जाता था कि कम से कम 15 मिलियन वर्ष पहले एशिया में मानव और वानर अलग हो चुके थे। यदि मानवों का उदय अफ़्रीका में हुआ था, तो उसका मतलब था कि हम सब नीग्रॉइड यानी नीग्रो थे। यह वैसा ही है, जैसा कि मसलन आज कोई कहे कि उसे मिसॉरी में मानवों की प्राचीन अस्थियाँ मिली हैं। डार्ट के निष्कर्ष उस समय की ज्ञात जानकारी के साथ कतई मेल नहीं खाते थे।

डार्ट के एकमात्र समर्थक स्कॉटलैंड में जन्मे बुद्धिमान चिकित्सक और जीवाश्म विज्ञानी रॉबर्ट ब्रूम थे, जो अपनी सनकों के लिए भी जाने जाते थे। ब्रूम की आदत थी कि मौसम गर्म होने पर वह अपना सारा काम नग्नावस्था में करते थे और मौसम अक्सर गर्म रहता था। वह अपने ग़रीब और आसानी से प्रभावित हो जाने वाले मरीज़ों पर संदेहास्पद शरीर-रचना प्रयोगों के लिए भी जाने जाते थे। उनमें अक्सर मरीज़ों की मौत हो जाती थी और ऐसे में ब्रूम उनके शवों को अपने बगीचे में दबा देते थे और फिर बाद में अध्ययन के लिए उन्हें निकालते थे।

ब्रूम खुद बहुत निपुण जीवाश्म विज्ञानी थे और चूँकि वह भी दक्षिण अफ़्रीका के निवासी थे, तो उन्हें टॉन्ग खोपड़ी का निरीक्षण करने का मौक़ा मिला। जैसा कि डार्ट का भी अनुमान था, ब्रूम भी उसे देखते ही समझ गए कि वह काफ़ी महत्त्वपूर्ण थी और उन्होंने डार्ट की ओर से उस पर काफ़ी कुछ कहा, लेकिन उनकी बातों का किसी पर कोई असर नहीं पड़ा। अगले पचास वर्षों तक प्रचलित समझ यही कहती थी कि टॉन्ग खोपड़ी किसी वानर की थी। अधिकतर पाठ्यपुस्तकों में उसका उल्लेख तक नहीं किया गया था। डार्ट ने एक मोनोग्राफ़ तैयार करने में पाँच साल लगाए, लेकिन कोई उसे प्रकाशित करने को तैयार नहीं हुआ। अंततः उन्होंने उसे छापने का फ़ैसला छोड़ दिया (हालाँकि उन्होंने जीवाश्मों की खोज जारी रखी)। कई सालों तक वह खोपड़ी उनके एक सहकर्मी के डेस्क पर पेपरवेट की तरह रखी रही, जिसे आज मानवशास्त्र के बेहतरीन ख़जानों में से माना जाता है।

1924 में जब डार्ट ने घोषणा की थी, तब प्राचीन होमिनिड की चार श्रेणियों की जानकारी थी, जिनमें –*होमोऐडीबर्गेन्सिस, होमो रोडिज़िऐन्सिस*, निएंडरथल और ड्यूब्वा का जावा मैन शामिल थे, लेकिन यह सब जल्द ही बदलने वाला था।

चीन में कैनेडा के एक प्रतिभाशाली शौक़िया डेविडसन ब्लैक ड्रैगन बोन हिल नामक जगह के आस-पास घूमने लगे, जो स्थानीय रूप से पुरानी अस्थियों के लिए प्रसिद्ध थी। बदक़िस्मती से उन हड्डियों को अध्ययन के लिए संरक्षित करने की बजाय चीन के लोग उन्हें पीसकर दवाएँ बनाया करते थे। हम सिर्फ़ अंदाज़ा ही लगा सकते हैं कि बीचम पाउडर जैसी कोई चीज़ बनाने के लिए कितनी ही अनमोल *होमो इरेक्टस* अस्थियों का चूरा बना दिया गया होगा। ब्लैक के वहाँ पहुँचने तक वह जगह काफ़ी हद तक ख़ाली हो चुकी थी, लेकिन उन्हें दाढ़ के दाँत का जीवाश्म मिला और उसके आधार पर बहुत शानदार ढंग से *सिनैनथ्रोपस पेकिनेन्सिस* की खोज की घोषणा हुई, जिसे जल्द ही पीकिंग मैन के रूप में जाना गया।

ब्लैक के कहने पर और भी खुदाई की गई और अन्य अस्थियाँ भी पाई गईं। दुर्भाग्य से 1941 में पर्ल हार्बर पर हुए जापानी हमले में सब कुछ नष्ट हो गया। अमेरिकी सैनिकों की एक टुकड़ी उन हड्डियों को संरक्षित करने के लिए उन्हें (और खुद को भी) मदिरा में डुबोने की कोशिश कर रही थी कि जापानियों ने उन्हें पकड़ लिया और जेल में डाल दिया। उन क्रेटों में रखी हड्डियों को जापानी सैनिकों ने सड़क पर ही छोड़ दिया। आख़िरी बार उन्हें वहीं देखा गया था।

इस बीच, ड्यूब्वा के पुराने इलाक़े जावा में राल्फ़ फ़ॉन कूनिग्ख़्सवॉल्ड की अगुवाई में पहुँची एक टीम को प्रारंभिक मानवों का एक और समूह मिला, नांगडॉन्ग में सोलो नदी के पास पाए जाने के कारण इसे सोलो पीपल यानी सोलो लोगों के नाम से जाना गया। कूनिग्ख़्सवॉल्ड की खोजें अधिक प्रभावी हो सकती थीं, यदि

उनसे एक चूक न हुई होती। उन्होंने स्थानीय लोगों को हॉमिनिड हड्डी के एक टुकड़े के लिए 10 सेंट देने की पेशकश की और बाद में उन्हें पता लगा कि वे लोग ज़्यादा कमाई करने के इरादे से बड़े टुकड़ों को छोटे टुकड़ों में तब्दील कर देते थे।

बाद के वर्षों में अधिक हड्डियों के मिलने व उनकी पहचान होने के साथ ही जैसे नए नामों की बाढ़ सी आ गई -*होमो ऑरिगनेसेन्सिस, ऑस्ट्रैलोपिथेकस ट्रांसवैलेन्सिस, परैन्ट्रोपस क्रैसाइडन्स, ज़िनजैनट्रोपस बोइसियाए* और कई अन्य, लगभग सभी में नया वंश और नई प्रजाति थी। 1950 के दशक तक हॉमिनिड प्रकारों की संख्या बढ़कर सौ से अधिक हो गई थी। जीवाश्म विज्ञानियों द्वारा वर्गीकरणों को संशोधित करने, उनकी पुनर्व्यवस्था करने और वाद-विवाद करने का नतीजा यह हुआ कि वैयक्तिक स्वरूपों के साथ अलग-अलग नाम जोड़ दिए गए और जिससे अस्त-व्यस्तता बढ़ गई। *सोलो पीपल को होमो सोलोऐन्सिस, होमो प्रीमिगैनियोस एशियाटिकस, होमो निएंडरथलेन्सिस सोलोऐन्सिस, होमो सेपियंस सोलोऐन्सिस, होमो इरेक्टस इरेक्टस* और केवल होमो इरेक्टस के नाम से जाना जाता था।

इसे व्यवस्थित करने के प्रयास के रूप में अन्स्र्ट मेयर और पिछले दशक के अन्य लोगों के सुझावों पर अमल करते हुए 1960 में शिकागो यूनिवर्सिटी के एफ़ क्लार्क हॉवल ने वंश को दो हिस्सों में बाँटने का प्रस्ताव किया - *ऑस्ट्रैलोपिथेकस* और *होमो,* साथ ही उन्होंने कई प्रजातियों की तर्कसंगत व्यवस्था की। इस प्रकार जावा और पीकिंग मैन, दोनों *होमो इरेक्टस* बन गए। कुछ समय तक हॉमिनिड की दुनिया में व्यवस्था क़ायम रही, लेकिन यह भी ज़्यादा देर तक नहीं बनी रही।

लगभग एक दशक की अपेक्षाकृत शांति के बाद मानव जीवाश्म विज्ञान तेज़ी से हो रही कई खोजों के एक अन्य काल की ओर चल पड़ा, जो अब भी धीमा नहीं हुआ है। 1960 का दशक *होमो हैबिलिस* लेकर आया और कुछ लोगों ने उसे वानरों व मानवों के बीच की खोई हुई कड़ी माना, लेकिन कुछ ने उसे अलग प्रजाति मानने से भी इनकार कर दिया, फिर उसके बाद कई अन्य के साथ *होमो इगैस्टर, होमो लुईलिकेई, होमो रुडॉल्फ़ेन्सिस, होमो माइक्रोकेनस और होमो ऐंटिसेसर* आए, इनके अलावा ऑस्ट्रेलोपिथेसीन्स का रेला भी आया : *ए.अफ्रेन्सिस, ए. प्रायेजेन्स, ए. रैमिडस, ए. वॉकेरि, ए. ऐनामेन्सिस,* इत्यादि। कुल मिलाकर आज बीस प्रकार के हॉमिनिड को मान्यता दी जाती है। बदक़िस्मती से कोई भी दो विशेषज्ञ एक जैसे बीस को मान्यता नहीं देते।

कुछ हॉवल द्वारा 1960 में सुझाए गए दो हॉमिनिड वंशों को मानते हैं, जबकि बाक़ी कुछ ऑस्ट्रेलोपिथेसीन्स को *परैन्ट्रोपस* कहलाने वाले एक अलग वंश में रखते हैं और कुछ अन्य *आर्डिपिथेकस* नामक एक प्रारंभिक समूह को जोड़ देते हैं। कुछ प्रायेजेन्स को *ऑस्ट्रेलोपिथेकस* में डालते हैं, जबकि कुछ उसे एक नए वर्गीकरण

होमो ऐंटीकुस में डालते हैं, लेकिन अधिकतर *प्रायेजेन्स* को एक अलग प्रजाति ही नहीं मानते हैं। इन्हें लेकर नियम तय करने वाली कोई केंद्रीय संस्था नहीं है। कोई नाम सर्वसम्मति से स्वीकार किया जाता है और अक्सर वह बहुत कम होती है।

विरोधाभासी ढंग से इस समस्या का एक बड़ा हिस्सा साक्ष्य की कमी है। समय की शुरुआत से ही अरबों-खरबों मानव (या मानव जैसे प्राणी) अस्तित्व में रहे हैं और हर किसी ने मानवों के वंश में किसी न किसी आनुवंशिक विविधता का योगदान दिया है। इस विशाल संख्या के मद्देनज़र मानव प्रागैतिहास को लेकर हमारी पूरी जानकारी शायद पाँच हज़ार लोगों के अवशेषों पर आधारित है और वह काफ़ी खंडित है। मैंने जब न्यू यॉर्क के अमेरिकन म्यूज़ियम में मानव-शास्त्र के क्यूरेटर इयान टैटरसल से दुनिया भर के हॉमिनिड और प्रारंभिक मानव अस्थियों के ऐतिहासिक रिकॉर्ड के बारे में पूछा तो उनका जवाब था, "यदि आपको उनके घालमेल की परवाह न हो, तो आप उन्हें एक छोटे से ट्रक में समेट सकते हैं।"

यह अपर्याप्तता उतनी बुरी नहीं होती, अगर हड्डियाँ हर जगह एक समान रूप से पाई जातीं, लेकिन ऐसा नहीं है। वे कभी भी कहीं भी पाई जाती हैं। *होमो इरेक्टस* एक मिलियन से अधिक वर्षों तक पृथ्वी पर रहे और उनका आवास क्षेत्र यूरोप के अटलांटिक छोर से चीन के प्रशांत की ओर तक था, फिर भी यदि आप हर उस *होमो इरेक्टस* को जीवित कर दें, जिसके अस्तित्व के हमारे पास प्रमाण हैं, तब भी वे एक स्कूल बस में समाने वाली संख्या से कम होंगे। *होमो हैबिलिस* के अवशेष उससे भी कम हैं : केवल दो आंशिक कंकाल और कुछ अलग-थलग अंग। हमारी अपनी सभ्यता इतनी अल्पकालिक रही है कि निश्चित तौर पर उसे उसके जीवाश्म रिकॉर्ड से नहीं जाना जा सकेगा।

चित्र की सहायता से टैटरसल बताते हैं, "यूरोप में लगभग 1.7 मिलियन वर्ष पहले की हॉमिनिड खोपड़ियाँ मिली हैं, लेकिन फिर महाद्वीप के ठीक दूसरी तरफ़ स्पेन में अगले अवशेष के मिलने के बीच तक़रीबन एक मिलियन वर्ष का अंतराल है। उसके बाद जर्मनी में मिलने वाला *होमो हाइडलबर्गेन्सिस* का अवशेष तीन लाख वर्ष बाद का है और उनमें से कोई भी एक-दूसरे से नहीं मिलता।" मुस्कराते हुए वह कहते हैं, "इस प्रकार के अपूर्ण खंडों से आप समूची प्रजाति के इतिहास का पता लगाने की कोशिश कर रहे हैं। यह मुश्किल काम है। हमें कई प्राचीन प्रजातियों के बीच के रिश्ते की बहुत कम जानकारी है, जिससे हम यहाँ तक पहुँचे हैं और जो दरअसल विकासमूलक गतिरोध हैं। उनमें से संभवतः कुछ को एक अलग प्रजाति भी नहीं माना जा सकता।"

रिकॉर्ड की इसी अनियमितता के कारण हर नई खोज बहुत अचानक और बाक़ी अन्य से अलग लगती है। यदि ऐतिहासिक रिकॉर्ड में हमारे पास नियमित अंतराल पर हज़ारों कंकाल होते, तो उनके बीच सूक्ष्म अंतर को बेहतर ढंग से

समझा जा सकता था। जैसा कि जीवाश्म रिकॉर्ड दिखाते हैं, समूची नई प्रजाति तत्काल ही सामने नहीं आती, बल्कि वह मौजूदा प्रजातियों में से धीरे-धीरे निकलती है। आप भिन्नता के बिंदु के जितना निकट जाएँगे, समानताएँ भी उतनी ही नज़दीक होंगी, इसलिए यह बहुत मुश्किल हो जाता है और कई बार असंभव भी कि बाद के *होमो इरेक्टस* और प्रारंभिक *होमो सेपियंस* के बीच अंतर कैसे किया जाए, क्योंकि संभव है कि वे दोनों असल में एक ही हों और या फिर अलग-अलग। खंडित अवशेषों से पहचान करने के सवालों पर भी वैसी ही असहमतियाँ पैदा हो सकती हैं, मसलन, यह फ़ैसला करना कि कोई निश्चित हड्डी मादा *ऑस्ट्रेलोपिथेकस बोइसियाए* की है या फिर नर *होमो हैबिलिस* की।

इतनी कम निश्चितता के कारण वैज्ञानिकों को अक्सर आस-पास पाई गई चीज़ों के आधार पर अनुमान लगाने पड़ते हैं और मुमकिन है कि वे बहादुरी भरे अंदाज़े ही हों। जैसा कि ऐलन वॉकर और पैट शिपमैन ने व्यंग्यपूर्ण ढंग से टिप्पणी की कि यदि आप प्राणियों की प्रजाति और उनके निकट पाए गए औज़ार को आपस में जोड़ेंगे तो इस निष्कर्ष पर पहुँचेंगे कि हाथ के प्रारंभिक औज़ार ज़्यादातर हिरणों द्वारा तैयार किए गए थे।

उस अस्त-व्यस्तता का *होमो हैबिलिस* से बेहतर और कोई उदाहरण नहीं हो सकता, जो विरोधाभासों से भरा हुआ है। सामान्य शब्दों में कहें तो *हैबिलिस* हड्डियों से कोई अर्थ नहीं निकाला जा सकता। एक क्रम में लगाए जाने पर पता चलता है कि नर व मादा के विकसित होने की दर अलग थी और वह अलग दिशाओं में भी थी, समय के साथ नर वानर जैसे कम और मानव जैसे ज़्यादा होने लगे, जबकि उसी काल की मादाएँ मानव होने से दूर वानर होने की ओर अधिक जाती लगती हैं। कुछ विशेषज्ञ तो *हैबिलिस* को कोई ठोस श्रेणी तक नहीं मानते। टैटरसल और उनके सहकर्मी जेफ्री श्वॉर्ट्ज़ इसे महज़ 'रद्दी की टोकरी प्रजाति' मानकर ख़ारिज कर देते हैं - जिसमें असंबंधित जीवाश्मों को 'सुविधापूर्वक डाल दिया जाता है'। जो लोग *हैबिलिस* को अलग प्रजाति मानते हैं, उनमें भी इस बात पर सहमति नहीं है कि यह हमारे ही वंश की है या फिर किसी अतिरिक्त शाखा की है, जो कहीं पहुँची नहीं।

शायद ख़ास बात यह है कि इस सबमें मानव प्रकृति भी एक कारक है। वैज्ञानिकों में यह सहज प्रवृत्ति होती है कि वे किसी खोज की व्याख्या इस तरीक़े से करते हैं कि वह उनकी महिमा को बढ़ाए। ऐसा कोई जीवाश्म विज्ञानी मिलना दुर्लभ है, जो घोषणा करे कि उसे कुछ अस्थियाँ मिली हैं, लेकिन उनके बारे में कुछ ख़ास रोमांचक नहीं है। जैसा कि जॉन रीडर बड़े सादगी भरे ढंग से अपनी किताब *मिसिंग लिंक्स* में कहते हैं, "अनूठी बात यह है कि कैसे अक्सर नए साक्ष्य की पहली व्याख्या उसे खोजने वाले के पूर्वबोध की पुष्टि करती है।"

इससे वाद-विवाद की काफ़ी गुंजाइश बनती है और मानव जीवाश्म विज्ञानियों से ज़्यादा और कोई नहीं जो इस तरह की बहसों को पसंद करे। "विज्ञान की सभी सभी शाखाओं में से सबसे अधिक अहं मानव जीवाश्म विज्ञान में पाया जाता है," यह कहना है *जावा मैन* के लेखकों का और यह भी गौरतलब है कि इसमें कई जगह बहुत ज़ोरदार तरीक़े से बिना किसी संकोच के अन्य लोगों की अयोग्यताओं, ख़ासकर इसके लेखकों के पूर्व सहकर्मी डॉनल्ड जोहान्सन का उल्लेख किया गया है।

तो इस बात के मद्देनज़र कि मानव प्रागैतिहास के बारे में ऐसा बहुत कम होगा कि जिस पर कहीं न कहीं, कोई न कोई विवाद न खड़ा हो, बस यह पक्का है कि ऐसा कुछ है, जिसके बारे में हमारा मानना है कि हम जानते हैं और जो बताता है कि हम कौन हैं और हम कहाँ से आए हैं।

जीव के रूप में हमारे इतिहास के पहले 99.99999 प्रतिशत हिस्से में हम चिंपांज़ियों के समान पैतृक श्रेणी में थे। चिंपांज़ियों के प्रागैतिहास के बारे में कोई जानकारी नहीं है, लेकिन वे जो कुछ थे, हम भी वही थे। फिर लगभग सात मिलियन साल पहले, कुछ बहुत बड़ा घटित हुआ। अफ़्रीका के उष्णकटिबंधीय वनों से नए प्राणियों का एक समूह निकला और खुले सवाना की ओर बढ़ने लगा।

वे ऑस्ट्रेलोपिथीसीन्स थे और अगले पाँच मिलियन वर्षों तक वे दुनिया की प्रभावी हॉमिनिड प्रजाति रहे। (*ऑस्ट्रल* 'दक्षिणी' के लिए इस्तेमाल लैटिन शब्द से आया है और इसका ऑस्ट्रेलिया के संदर्भ से कोई संबंध नहीं है।) ऑस्ट्रेलोपिथीसीन्स कई प्रकार के थे। उनमें से कुछ रेमंड डार्ट के टॉन्ग बच्चे की तरह दुबले-पतले और छरहरे थे, जबकि कुछ तगड़े हट्टे-कट्टे और मज़बूत थे, लेकिन सब के सब सीधे चल सकते थे। इनमें से कुछ प्रजातियाँ एक मिलियन साल से अधिक तक अस्तित्व में रहीं, जबकि कुछ अन्य कुछ एक लाख साल के लगभग तक, लेकिन यहाँ यह ग़ौरतलब है कि सबसे कम सफल इतिहास भी हमारे अब तक के समय से अधिक लंबी अवधि के थे।

दुनिया में सबसे प्रसिद्ध हॉमिनिड अवशेष 1974 में इथियोपिया के हदार में पाया गया एक 3.18 मिलियन पुराना ऑस्ट्रेलोपिथीसीन है, जिसे डॉनल्ड जोहान्सन की टीम ने खोजा था। औपचारिक रूप से एएल ('अफ़ार लोकैलिटी') 288-1 के रूप में ज्ञात इस कंकाल को आम तौर पर बीटल्स के 'लूसी इन द स्काय विद डायमंड्स' गाने पर लूसी के नाम से जाना जाता है। जोहान्सन को उसकी अहमियत पर कभी शक़ नहीं रहा। "वह हमारी प्रारंभिक पूर्वज है, वानर और मानव के बीच की खोई हुई कड़ी," उन्होंने कहा।

लूसी बहुत छोटी थी, केवल साढ़े तीन फ़ीट लंबी। वह चल सकती थी, हालाँकि इस बात पर विवाद है कि वह कितनी अच्छी तरह चल सकती थी। ऐसा

लगता है कि वह पहाड़ पर चढ़ने में भी माहिर थी। बाक़ी और ज़्यादा जानकारी नहीं है। उसकी पूरी खोपड़ी नहीं मिली, इसलिए उसके मस्तिष्क के आकार को लेकर कुछ भी पक्के तौर पर नहीं कहा जा सकती, लेकिन उसके कुछ हिस्सों से यह लगता है कि वह छोटा रहा होगा। अधिकतर किताबों में लूसी के कंकाल को 40 फ़ीसदी पूरा माना जाता है, हालाँकि कुछ इसे आधा मानते हैं और अमेरिकन म्यूज़ियम ऑफ़ नेचुरल हिस्ट्री इसे दो-तिहाई संपूर्ण मानता है। बीबीसी की टीवी सीरीज़ *एप मैन* में इसे 'संपूर्ण कंकाल' कहा गया, जबकि दिखने में वह कहीं से भी पूरा नहीं था।

मानव शरीर में 206 हड्डियाँ होती हैं, लेकिन इनमें से कई दोहराई जाती हैं। यदि आपके पास किसी नमूने का बाईं जाँघ की हड्डी है, तो आपको उसके आयाम जानने के लिए दाईं हड्डी की ज़रूरत नहीं है। अतिरिक्त हड्डियों को निकाल दें तो आपके पास 120 बचेंगी, जिसे आधा कंकाल कहा जाता है। चाहे हल्के से टुकड़ों को भी पूरी हड्डी के रूप में गिनें, तब भी इस मायने में लूसी आधे कंकाल का केवल 28 प्रतिशत हिस्सा थी (और पूरे का केवल लगभग बीस प्रतिशत)।

द विज़डम ऑफ़ द बोन्स में ऐलन वॉकर याद करते हैं कि उन्होंने एक बार जोहान्सन से पूछा था कि वह कैसे 40 प्रतिशत के आँकड़े तक पहुँचे। जोहान्सन ने बड़े आराम से जवाब दिया था कि उन्होंने हाथ-पैरों की 106 हड्डियों को नहीं जोड़ा, जो कि दरअसल शरीर की कुल हड्डियों का आधे से अधिक होती हैं और बहुत अहम भी होती हैं, क्योंकि लूसी के प्रमुख सुस्पष्ट गुण बदलती दुनिया में उसके हाथ-पाँवों के इस्तेमाल से जुड़े थे। बहरहाल, लूसी के बारे में आम मान्यताएँ अधिक हैं और जानकारी उससे कम है। असल में यह भी ज्ञात नहीं कि वह मादा थी। उसके छोटे आकार के कारण उसे मादा मान लिया गया है।

★ ★ ★

लूसी की खोज के दो साल के बाद तंज़ानिया में लायेटोली में मेरी लीकी को दो लोगों के पैरों के निशान मिले और माना गया कि वे हॉमिनिडों के एक ही वंश के थे। ज्वालामुखी फटने के बाद दो ऑस्ट्रेलोपिथीसीन्स उस कीचड़ भरी राख से गुज़रे होंगे और उनसे वे निशान बने होंगे। बाद में वह राख सख़्त हो गई और 23 मीटर से अधिक की दूरी तक उनके पैरों के निशान संरक्षित हो गए।

न्यू यॉर्क में अमेरिकन म्यूज़ियम ऑफ़ नेचुरल हिस्ट्री में एक दिलचस्प चित्रावली है, जिसमें उनके गुज़रने के उस पल को दिखाया गया है। उसमें प्राचीन अफ़्रीकी मैदान पर साथ चलते हुए एक नर-मादा को दर्शाया गया है। उनके शरीर पर बाल हैं और लंबाई-चौड़ाई के लिहाज़ से वे चिंपांज़ी जैसे हैं, लेकिन उनकी

चाल-ढाल इंसानों जैसी है। इसकी सबसे अनोखी ख़ासियत यह है कि नर ने अपना बायाँ बाजू मादा के कंधे पर रखा हुआ है। यह कोमलता भरी मर्मस्पर्शी मुद्रा है और आपसी जुड़ाव की ओर संकेत करती है।

इसे इतनी अच्छी तरह बनाया गया है कि इस बात को आसानी से नज़रअंदाज़ किया जा सकता है कि पैरों के निशान के अलावा बाक़ी सब कुछ काल्पनिक है। उन दोनों की सभी विशेषताएँ - उनके बालों का होना, उनके चेहरे के बाक़ी उभार (उनकी नाक इंसानों जैसी थी या फिर चिंपांज़ी जैसी), उनके भाव, त्वचा का रंग, मादा के वक्षस्थल का आकार और आकृति - सब कुछ परिकल्पित है। हम यह भी नहीं कह सकते कि वह कोई जोड़ा है। हो सकता है कि मादा आकृति दरअसल कोई बच्चा हो। हम इस बात को लेकर भी निश्चित नहीं हैं कि वे ऑस्ट्रेलोपिथीसीन्स ही थे। उन्हें ऑस्ट्रेलोपिथीसीन्स इसलिए माना जाता है, क्योंकि कोई अन्य ज्ञात उम्मीदवार नहीं थे।

मुझे बताया गया कि उस झाँकी को बनाते हुए मादा आकृति बार-बार गिर रही थी, तो उन्हें उस मुद्रा में रखे जाने का निर्णय लिया गया, लेकिन इयान टैटरसल हँसते हुए कहते हैं कि वह कहानी सही नहीं है। "ज़ाहिर है कि हम नहीं जानते कि नर ने अपनी बाँह को मादा के इर्द-गिर्द रखा था या नहीं, लेकिन हम नाप-जोख से यह ज़रूर कह सकते हैं कि वे एक-दूसरे के साथ चल रहे थे और इतने नज़दीक थे कि एक-दूसरे को छू रहे थे। वे खुली जगह में थे, तो हो सकता है कि वे ख़तरा महसूस कर रहे हों। यही वजह है कि हमने उन्हें थोड़ा चिंतित दिखाने की कोशिश की।"

मैंने उनसे पूछा कि क्या उन्हें इस बात से परेशानी हुई कि उन दोनों की फिर से रचना करने में काफ़ी छूट ली गई, तो उनका जवाब था कि "किसी भी दृश्य को फिर से रचने में यह समस्या हमेशा रहती है। आप यक़ीन नहीं करेंगे कि निएंडरथल की भौंहें थीं या नहीं, इस तरह के विवरणों को तय करने में कितना विचार-विमर्श करना पड़ता है। लायेटोली के मामले में भी यही हुआ। वे कैसे दिखते थे, जैसे विवरण हमारे पास नहीं हो सकते, लेकिन हम उनके संभावित रंग-रूप को लेकर कुछ तर्कसंगत अनुमान ज़रूर लगा *सकते* हैं और उनके आकार, उनकी मुद्रा को प्रस्तुत कर सकते हैं। यदि मुझे यह फिर से करने का मौक़ा मिलता, तो मेरे ख़याल से मैं उन्हें वानर जैसा ज़्यादा और इंसानों जैसा कम बनाता। ये प्राणी मानव नहीं थे। ये द्विपादी वानर थे।"

काफ़ी हाल तक यही माना जाता था कि हम लूसी और लायेटोली के वंशज हैं, लेकिन अब कई विशेषज्ञ इस बात को लेकर निश्चित नहीं हैं। कुछ शारीरिक विशेषताओं (मसलन, दाँत) से लगता है कि हमारे बीच कोई संभावित संपर्क रहा हो, लेकिन ऑस्ट्रेलोपिथीसीन्स की शरीर-रचना के अन्य हिस्से अधिक परेशान

करने वाले हैं। अपनी किताब *एक्सटिंक्ट ह्यूमन्स* में टैटरसल और श्वॉर्ट्ज कहते हैं कि मानव की फ़ीमर यानी जाँघ की हड्डी का ऊपरी हिस्सा काफ़ी कुछ वानरों जैसा है, लेकिन ऑस्ट्रेलोपिथीसीन्स जैसा नहीं है, यानी अगर लूसी वानरों और आधुनिक इंसानों के बीच की प्रत्यक्ष कड़ी है, तो इसका मतलब है कि हमने क़रीब एक मिलियन वर्ष पहले ऑस्ट्रेलोपिथीसीन्स फ़ीमर को अपना लिया होगा और फिर अपने विकास के अगले चरण में पहुँचने पर वापस वानर फ़ीमर पर चले गए होंगे। उनका मानना है कि दरअसल लूसी हमारी पूर्वज नहीं थी, बल्कि वह तो हमारी तरह चलती भी नहीं थी।

टैटरसल का कहना है कि "लूसी और उसकी तरह के प्राणी आधुनिक मानव की तरह नहीं चलते-फिरते थे। जब उन्हें पेड़ों के अपने आवासों के बीच यात्रा करनी होती थी, तभी वे दो पैरों पर चलते थे और अपनी शरीर-रचना के कारण उन्हें ऐसा करना पड़ता था।" जोहान्सन इस बात को नहीं मानते। उन्होंने लिखा है, "लूसी के नितंब और उसकी श्रोणी की मांसपेशीय व्यवस्था ऐसी थी कि उसके लिए आधुनिक मानवों की तरह ही पेड़ पर चढ़ना मुश्किल था।"

2001 और 2002 में चार असाधारण नए नमूने पाए जाने पर यह मामला और अधिक संदेहास्पद हो गया। एक तो कीन्या में टर्काना झील में जीवाश्मों को खोजने के लिए प्रसिद्ध लीकी परिवार के मीव लीकी को मिला और उसे *कैनियनथ्रोपस प्लैटिओप्स* ('कीनियाई समतल चेहरा') कहा गया, वह लूसी के ही समय का है और इससे यह संभावना पैदा होती है कि संभव है वह हमारा पूर्वज रहा होगा और लूसी एक नाकाम अतिरिक्त शाखा होगी। 2001 में 5.2 मिलियन और 5.8 मिलियन वर्ष पुराना *आर्डिपिथेकस रैमिडस कडब्बा* भी पाया गया और ऑरोरिन टुगेनेन्सिस भी, जो छह मिलियन वर्ष पुराना था और जिसे तब तक का सबसे पुराना हॉमिनिड माना गया, लेकिन यह मान्यता अल्पकालीन थी। 2002 की गर्मियों में चाड के द्ज़ुराब मरुस्थल (एक ऐसा इलाक़ा जहाँ पर कभी भी प्राचीन अस्थियाँ नहीं पाई गई थीं) में काम कर रही फ्रांसीसी टीम को लगभग सात मिलियन वर्ष पुराना हॉमिनिड मिला और उन्होंने उसे *साहेलांथ्रोपस टैडेन्सिस* नाम दिया। (कुछ आलोचकों का मानना है कि वह मानव नहीं, बल्कि प्रारंभिक वानर था और इसलिए उसे *साहेलपिथेकस* कहा जाना चाहिए।) ये सभी प्रारंभिक प्राणी थे और काफ़ी आदिम थे, लेकिन वे सीधे चलते थे और जैसा कि पहले सोचा गया था, उसके विपरीत वे काफ़ी पहले से सीधा चलते थे।

द्विपादिता यानी दो पैरों पर चलना दक्षता और जोखिम भरी रणनीति है। इसका मतलब है कि श्रोणी को पूरी तरह से बोझ उठाने वाले यंत्र में बदलना है। आवश्यक ताक़त को बनाए रखने के लिए मादाओं में प्रसव नलिका अपेक्षाकृत संकरी होनी चाहिए। इससे दो उल्लेखनीय तात्कालिक और एक दीर्घकालीन परिणाम

होता है। पहला, इसका मतलब है कि जन्म देने वाली माँ को अत्यधिक पीड़ा होगी और माँ व बच्चे के मरने का भी ज़्यादा ख़तरा रहेगा। इतनी संकुचित जगह से शिशु के सिर के बाहर निकलने का मतलब है कि जन्म के समय उसका मस्तिष्क छोटा होना चाहिए और जिसके कारण वह शिशु असहाय होता है। इसका दीर्घकालीन अर्थ शिशु की देखभाल है, जिसका आशय है नर-मादा के बीच ठोस जुड़ाव।

जब आप पृथ्वी के बौद्धिक स्वामी हों, तो इससे काफ़ी परेशानी होती है, लेकिन जब आप छोटे हों, कमज़ोर ऑस्ट्रेलोपिथीसीन हों और आपका दिमाग़ संतरे के आकार* का हो, तो जोखिम काफ़ी बड़ा होता है।

लूसी और उसकी तरह के प्राणी पेड़ों से नीचे क्यों उतरे और जंगलों से क्यों बाहर निकल आए? शायद उनके पास कोई विकल्प नहीं था। पनामा के स्थलडमरूमध्य के धीरे-धीरे बढ़ने से प्रशांत से अटलांटिक में पानी का बहाव कम होने लगा, गर्म धाराएँ आर्कटिक से दूर होने लगीं और उत्तरी अक्षांशों में तेज़ी से हिम-युग का प्रारंभ होने लगा। अफ़्रीका में इससे मौसमी शुष्कता और शीतलता होने लगा और जंगल धीरे-धीरे सवाना में तब्दील होने लगे। जॉन ग्रिबिन ने लिखा, "लूसी और उसके जैसे प्राणियों ने जंगल नहीं छोड़ा, बल्कि जंगलों ने उन्हें छोड़ दिया।"

घास के खुले मैदान में प्रारंभिक हॉमिनिड बिलकुल साफ़ दिखते थे। सीधे चलने का मतलब देखने की बेहतर क्षमता के साथ-साथ यह भी था कि आपके साफ़ दिखने की आशंका भी अधिक थी। आज भी प्रजाति के तौर पर हम जंगल में असंगत रूप से जोखिम में रहते हैं। जिस भी बड़े जानवर को लें, वे हमारे मुक़ाबले ज़्यादा ताक़तवर, तेज़ और ख़तरनाक दाँत वाले हैं। हमला होने पर आधुनिक इंसान को दो तरह की बढ़त हासिल है। हमारा दिमाग़ अच्छा है और हम रणनीति बना सकते हैं; इसके अलावा हमारे पास हाथ हैं, जिन्हें हम तेज़ी से घुमा सकते हैं या उनकी मदद से कोई नुक़सान पहुँचाने वाली चीज़ लहरा सकते हैं। हम ऐसे एकमात्र प्राणी हैं, जो दूर से भी नुक़सान पहुँचा सकते हैं। हम शारीरिक रूप से कमज़ोर होने का ख़तरा उठा सकते हैं।

---

*मस्तिष्क का पूर्ण आकार हर चीज़ या यूँ कहें कि संभवतः ज़्यादा कुछ नहीं बताता। हाथियों और व्हेलों के मस्तिष्क हमसे काफ़ी बड़े होते हैं, लेकिन सौदेबाज़ी करने के मामले में हम उन्हें पीछे छोड़ सकते हैं। सापेक्षिक आकार मायने रखता है और इस बात की अक्सर अनदेखी की जाती है। जैसा कि गोल्ड ने गौर किया ए. अफ़्रीकानस का दिमाग़ बस 450 सीसी था, गोरिल्ला से भी छोटा, लेकिन एक सामान्य अफ़्रीकानस नर का वज़न 45 किलो से कम था और मादा का उससे भी कम, जबकि गोरिल्ला आसानी से 150 किलो से भी ज़्यादा के हो सकते हैं।

ऐसा लगता है कि प्रबल मस्तिष्क के तेज़ी से विकसित होने के सभी तत्व मौजूद रहे हैं, लेकिन फिर भी ऐसा नहीं हो सका। तीन मिलियन वर्षों से अधिक समय तक लूसी और उसके साथी ऑस्ट्रेलोपिथीसीन्स में बहुत कम बदलाव आए। उनके मस्तिष्क नहीं बढ़े और इस बात का भी कोई संकेत नहीं है कि कि उन्होंने बहुत सरल से औज़ारों का भी कोई इस्तेमाल किया होगा। इससे भी अजीब बात यह है कि हम अब जानते हैं कि वे अन्य प्रारंभिक हॉमिनिड के आस-पास रहे, जो औज़ारों का इस्तेमाल करते थे, फिर भी ऑस्ट्रेलोपिथीसीन्स ने अपने इर्द-गिर्द मौजूद इस उपयोगी तकनीक का फ़ायदा नहीं उठाया।

तीन मिलियन और दो मिलियन वर्ष पहले के बीच के किसी बिंदु पर ऐसा लगता है कि अफ़्रीका में कोई छह हॉमिनिड प्रकार रहते थे। उनमें से केवल एक, *होमो* ही बचा रहा, जो लगभग दो मिलियन साल पहले उभरा। ऑस्ट्रेलोपिथीसीन्स और *होमो* के आपसी रिश्ते के बारे में कोई भी कुछ नहीं जानता, लेकिन यह ज़रूर पता है कि दोनों एक मिलियन वर्ष से अधिक समय तक सह-अस्तित्व में रहे और फिर तगड़े व छरहरे, दोनों प्रकार के ऑस्ट्रेलोपिथीसीन्स रहस्यमय ढंग से और शायद अचानक लगभग एक मिलियन वर्ष पहले ग़ायब हो गए। कोई नहीं जानता कि ऐसा क्यों हुआ। मैट रिडली कहते हैं कि "शायद हमने उन्हें खा लिया।"

पारंपरिक रूप से *होमो* की शुरुआत *होमो हैबिलिस* से होती है, जिसके बारे में हम लगभग कुछ नहीं जानते और उसका अंत हम पर यानी *होमो सेपियंस* (सोचने वाला आदमी) पर होता है। इनके बीच तक़रीबन आधी दर्जन होमो प्रजातियाँ रही हैं और यह इस बात पर निर्भर करता है कि आप किसके विचार को मानते हैं, वे हैं : *होमो इगैस्टर, होमो निएंडरथलेन्सिस, होमो रुडॉल्फ़ेन्सिस, होमो हाइडलबर्गेन्सिस, होमो इरेक्टस और होमो ऐंटेसेसर।*

होमो हैबिलिस ('कुशल मानव') नाम लुइस लीकी और उनके सहकर्मियों ने 1964 में दिया था और उसका कारण यह था कि वह औज़ारों का इस्तेमाल करने वाला पहला हॉमिनिड था, भले ही वे औज़ार बहुत साधारण रहे हों। वह काफ़ी आदिम प्राणी था और मानवों की बजाय चिंपांज़ी अधिक था, लेकिन उसका मस्तिष्क मोटे तौर पर लूसी की तुलना में 50 प्रतिशत बड़ा था और आनुपातिक रूप से भी बहुत कम नहीं था, तो कहा जा सकता है कि वह उस समय का आइन्स्टाइन था। इस बात का अब तक कोई ठोस कारण नहीं मिल सका है कि दो मिलियन वर्ष पहले हॉमिनिड के मस्तिष्क अचानक क्यों बढ़ने शुरू हो गए। लंबे समय तक यह माना जाता रहा था कि बड़े दिमाग़ और सीधे चलने के बीच कोई प्रत्यक्ष संबंध था - जंगलों से बाहर निकलने पर नई चतुराई भरी रणनीतियों की आवश्यकता होने के कारण दिमाग़ में बढ़ोतरी हुई - इसलिए जब कई द्विपादी मंदबुद्धियों की खोज हुई तो इस बात से हैरानी हुई कि उनके बीच कोई स्पष्ट संबंध नहीं था।

टैटरसल का कहना है कि "मानव मस्तिष्कों के बड़े होने का हमारे पास कोई स्पष्टीकरण नहीं है।" बड़े मस्तिष्क शरीर के द्रव्यमान का केवल 2 प्रतिशत हिस्सा होते हैं, लेकिन उन्हें उसकी 20 प्रतिशत ऊर्जा की ज़रूरत होती है। मस्तिष्क किस चीज़ का इस्तेमाल ऊर्जा के साधन के रूप में करेगा, इसे लेकर भी वह काफ़ी नखरेबाज़ होता है। यदि आपने कभी वसा का निवाला भी नहीं लिया, तो आपका दिमाग़ कोई शिकायत नहीं करेगा, क्योंकि वह उसे छुएगा भी नहीं। उसकी बजाय उसे ग्लूकोज़ चाहिए और काफ़ी चाहिए, चाहे उसके लिए उसे शरीर के अन्य अंगों को ही धोखा क्यों न देना पड़े। गाई ब्राउन का कहना है, "शरीर को लगातार लालची दिमाग़ द्वारा ख़ाली किए जाने का ख़तरा रहता है, लेकिन वह उसे भूखा नहीं रख सकता, क्योंकि उससे तेज़ी से मौत हो सकती है।" बड़े मस्तिष्क को ज़्यादा खाना चाहिए और अधिक खाने का मतलब ज़्यादा ख़तरा है।

टैटरसल का मानना है कि बड़े दिमाग़ का उदय बस विकासमूलक दुर्घटना ही रहा है। उनका और स्टीफ़न जे गोल्ड का मानना है कि यदि आप जीवन के टेप को फिर से हॉमिनिड की उत्पत्ति तक भी चलाएँगे, तो इस बात की संभावना बहुत कम है कि आधुनिक मानव या उसके जैसा कोई अभी मौजूद होता।

उनका कहना है कि "इंसानों के लिए यह स्वीकार करना मुश्किल है कि हम किसी भी चीज़ की परिणति नहीं हैं। हमारे यहाँ होने को लेकर कुछ भी अपरिहार्य नहीं है। यह हमारा गुरूर है कि हम सोचते हैं कि क्रमिक विकास की प्रक्रिया हमारी उत्पत्ति के लिए तैयार हुई थी। 1970 के दशक तक मानवशास्त्री यही सोचते थे।" 1991 तक लोकप्रिय पाठ्यपुस्तक *द स्टेजेस ऑफ़ इवॉल्यूशन* में सी. लोरिंग ब्रेस रैखिक अवधारणा पर अड़े रहे और केवल एक क्रमिक विकास गतिरोध, ऑस्ट्रेलोपिथीसीन्स को ही मान्यता देते रहे। बाक़ी सब कुछ एक सीधे क्रम में चलता रहा – हॉमिनिड की हर प्रजाति विकास की मशाल को आगे ले जाती रही और उसे अधिक युवा और नए धावक को सौंपती रही। अब हालाँकि यह माना जाने लगा है कि इनमें से कई प्रारंभिक स्वरूप साथ की पगडंडियों पर थे और वे किसी परिणाम तक नहीं पहुँचे।

सौभाग्य से हमारे लिए एक आगे बढ़ा – औज़ारों का इस्तेमाल करने वाला एक समूह, जो पता नहीं कहाँ से आया और उसका कुछ हिस्सा अस्पष्ट और विवादास्पद *होमो हैबिलिस* के समय के आस-पास पड़ा। यह है *होमो इरेक्टस,* जिसे 1891 में जावा में यूजीन ड्यूब्वा ने खोजा था। अब यह इस बात पर निर्भर करता है कि आप किस स्रोत को देखते हैं, यह लगभग 1.8 मिलियन वर्ष पहले से लेकर बहुत हाल के लगभग बीस हज़ार वर्षों के बीच कहीं रहा था।

जावा मैन के लेखकों के अनुसार, *होमो इरेक्टस* विभाजक रेखा है : उससे पहले आने वाला सब कुछ वानर जैसा था, उसके बाद आने वाला सब कुछ मानव

जैसा था। *होमो इरेक्टस* शिकार करने वाला, आग का इस्तेमाल करने वाला, जटिल औज़ार तैयार करने वाला पहला प्राणी था, जिसने शिविरों के साक्ष्य छोड़े और वही पहला प्राणी था, जो कमज़ोरों की देखभाल भी करता था। उससे पहले के प्राणियों से तुलना करें तो स्वरूप एवं व्यवहार में यह प्रजाति काफ़ी इंसानी थी, इसके सदस्यों के हाथ-पांव लंबे और दुबले-पतले थे, वे मज़बूत (आधुनिक मानव से कहीं ज़्यादा मज़बूत) थे और बड़े इलाक़े में सफलतापूर्वक फैलने के लिए उनके पास प्रेरणा व बुद्धिमत्ता थी। अन्य हॉमिनिडों को *होमो इरेक्टस* भयावह ढंग से बड़े, ताक़तवर, चुस्त और होशियार लगे होंगे। उनके मस्तिष्क भी इतने परिष्कृत थे कि उससे पहले दुनिया ने वैसा कुछ नहीं देखा था।

दुनिया के जाने-माने विशेषज्ञ और पेन स्टेट यूनिवर्सिटी के ऐलन वॉकर के अनुसार, '*इरेक्टस* अपने समय के वेलोसिरैप्टर थे'। उनकी आँखों में झाँकने पर वे आपको ऊपरी तौर पर भले इंसान लगते, लेकिन "आपको उनसे जुड़ाव नहीं लगता। आप उनके शिकार होते।" वॉकर के अनुसार, उनका शरीर वयस्क मानव का था, लेकिन दिमाग़ शिशु का था।

लगभग एक शताब्दी से *इरेक्टस* की जानकारी रही थी, लेकिन वह बिखरे हुए टुकड़ों से थी और इतनी नहीं थी कि उससे एक पूरा कंकाल तैयार किया जा सके। 1980 के दशक में अफ़्रीका में हुई एक असाधारण खोज ने इसके महत्त्व या यूँ कहें कि इसके संभावित महत्त्व को उजागर किया और आधुनिक मानवों की अग्रगामी प्रजाति के रूप में इसे आँका गया। केन्या में लेक टर्काना (पहले लेक रुडॉल्फ़) की सुदूर घाटी अब दुनिया में प्रारंभिक मानव अवशेषों के लिए सबसे उर्वर स्थल है। रिचर्ड लीकी जिस विमान में थे, उसका रास्ता बदलकर उसे घाटी के ऊपर से ले जाया गया और उसे देखकर उन्हें लगा कि वह काफ़ी महत्त्व की हो सकती थी। वहाँ खोजबीन के लिए एक टीम को भेजा गया, लेकिन उसे कुछ नहीं मिला, फिर एक दिन लीकी के प्रख्यात जीवाश्म खोजी कमोया केमू को झील से कुछ दूर एक पहाड़ी पर हॉमिनिड खोपड़ी का एक छोटा सा हिस्सा मिला। वैसी जगह पर कुछ मिलने की संभावना कम थी, लेकिन केमू के सहज बोध का लिहाज़ करते हुए उन्होंने वहाँ पर खुदाई की और *होमो इरेक्टस* का लगभग साबुत कंकाल मिलने पर उनके आश्चर्य का कोई ठिकाना न रहा। यह नौ से बारह साल के बीच की उम्र के एक लड़के का था, जिसकी मृत्यु 1.54 मिलियन साल पहले हुई होगी। टैटरसल के मुताबिक़ उसकी शारीरिक संरचना "पूरी तरह से आधुनिक थी", जिसका कोई पूर्ववर्ती नहीं था। टर्कन लड़का "सुस्पष्ट ढंग से हम में से एक था"।

केमू को 1808 में टर्काना झील के पास केएनएम-ईआर, 1.7 मिलियन साल पुरानी एक मादा भी मिली, जिसने वैज्ञानिकों को पहला सुराग दिया कि पहले जितना सोचा गया था, *होमो इरेक्टस* उससे कहीं ज़्यादा दिलचस्प और जटिल थे।

उस महिला की हड्डियाँ विकृत थीं और उन पर कुछ खुरदुरे उभार थे, जो हाइपर वाइटामिनोसिस नामक एक दर्दनाक बीमारी का परिणाम थे और जो केवल मांसाहारी जानवर का यकृत खाने के कारण होती थी। इससे हमें पता चला कि *होमो इरेक्टस* मांस खाते थे। इससे भी ज़्यादा हैरानी की बात यह थी कि वह कई सप्ताह या फिर कई महीनों तक उस बीमारी से ग्रस्त रही। किसी ने उसकी देखभाल की थी। हॉमिनिड के विकास में यह कोमलता का पहला लक्षण था।

यह भी पाया गया कि होमो इरेक्टस की खोपड़ी में (या कुछ लोगों के अनुसार, संभवतः ऐसा था) ब्रोका क्षेत्र होता है, मस्तिष्क के ललाट खंड का वह हिस्सा जो वाक शक्ति से जुड़ा होता है। चिंपांज़ी में यह नहीं होता। ऐलन वॉकर का मानना है कि मेरुदंड नलिका का न तो इतना आकार था और न उसमें इतनी जटिलता थी कि उससे बोलने की शक्ति संभव हो और शायद इरेक्टस आधुनिक चिम्पांज़ी जितना ही आपसी संवाद कर पाते होंगे। अन्य लोग, विशेषकर, रिचर्ड लीकी आश्वस्त हैं कि वे बोल सकते थे।

लगता है कि कुछ समय तक तो *होमो इरेक्टस* ही एकमात्र हॉमिनिड प्रजाति थे। वे काफ़ी साहसिक थे और हैरतअंगेज़ तेज़ी के साथ समूची पृथ्वी पर उनका विस्तार हुआ। यदि जीवाश्म साक्ष्य को देखें, तो लगता है कि इस प्रजाति के कुछ सदस्य अफ़्रीका छोड़ने के समय पर या उससे थोड़ा पहले ही जावा पहुँच गए थे। कुछ वैज्ञानिकों का मानना है कि शायद आधुनिक लोगों का उदय अफ़्रीका से हुआ ही न हो, बल्कि एशिया से हुआ हो। यह बहुत असाधारण और चमत्कारिक बात होगी, क्योंकि आज तक अफ़्रीका से बाहर कोई संभावित अग्रगामी प्रजातियाँ नहीं पाई गई हैं। ऐसा होता, तो एशियाई हॉमिनिड को अचानक ही सामने आ जाते। वैसे भी, एशिया में शुरुआत होने का मतलब है कि समस्या फिर उलट जाएगी यानी आपको बताना पड़ेगा कि जावा लोग उतनी तेज़ी से अफ़्रीका कैसे पहुँच गए।

अफ़्रीका में पहली बार दिखने के बाद जल्दी ही *होमो इरेक्टस* कैसे एशिया में नज़र आए, इसे लेकर कई संभावित वैकल्पिक स्पष्टीकरण हैं। पहला, प्रारंभिक मानव अवशेषों के काल-निर्धारण को लेकर काफ़ी जोड़-घटा किया जाता है। यदि अफ़्रीकी हड्डियों की वास्तविक आयु अनुमानों की श्रेणी में ऊपर की ओर है या जावा की निचले छोर पर है या फिर दोनों हैं, तो अफ़्रीकी *इरेक्टस* के पास इतना समय है कि वह एशिया तक का रास्ता खोज ले। यह भी मुमकिन है कि अफ़्रीका में और अधिक पुरानी *इरेक्टस* अस्थियों की खोज अभी बाक़ी है। इसके अलावा यह भी हो सकता है कि जावा का काल-निर्धारण पूरी तरह से ग़लत हो।

यह निश्चित है कि एक मिलियन वर्ष से पहले कुछ नए, तुलनात्मक रूप से आधुनिक, सीधे चलने वाले प्राणी अफ़्रीका छोड़कर बेधड़क होकर दुनिया के बाक़ी

हिस्सों में फैल गए। उन्होंने यह यात्रा इतनी तेज़ी से पूरी कि वह औसतन 40 किलोमीटर प्रति वर्ष तक थी और इस बीच उन्होंने पर्वत श्रेणियों, नदियों, मरुस्थलों व अन्य रुकावटों का सामना किया और अलग तरह की जलवायु एवं खाद्य स्रोतों के हिसाब से उन्होंने खुद को अनुकूलित भी किया। यह अब भी रहस्य है कि उन्होंने लाल सागर के पश्चिमी हिस्से को कैसे पार किया होगा, क्योंकि आज का यह शुष्क हिस्सा तब और भी सूखा था। यह विडंबना ही है कि जिन हालात ने उन्हें अफ़्रीका छोड़ने को विवश किया, उन्हीं के कारण वहाँ से निकलने में भी उन्हें ज़्यादा परेशानी हुई होगी। इसके बावजूद वे हर रुकावट के बीच से अपना रास्ता बनाने में कामयाब रहे और उनके पार फले-फूले।

मुझे डर है कि यहीं सारी सहमति समाप्त हो जाती है। जैसा कि हम अगले अध्याय में देखेंगे, मानव विकास के इतिहास में इसके बाद क्या कुछ हुआ, वह लंबी और विद्वेषपूर्ण बहस का विषय है।

इसके बावजूद, आगे बढ़ने से पहले यह याद रखना ज़रूरी है कि पाँच मिलियन वर्षों में हुई इस विकासात्मक धक्का-मुक्की ने ऑस्ट्रेलोपिथीसीन से लेकर पूरी तरह से आधुनिक मानव तक को उलझन में डाला और ऐसे प्राणी को तैयार किया, जो अब भी आधुनिक चिंपांज़ी से आनुवंशिक तौर पर 98.4 फ़ीसदी मिलता-जुलता है। ज़ेब्रा व घोड़े या डॉल्फ़िन व पॉपस के बीच ज़्यादा अंतर है, जबकि आपके सुदूर पूर्वज दुनिया पर जीत हासिल करने के लिए निकलते समय जिस रोयेंदार प्राणी को पीछे छोड़ गए, उसके व आपके बीच उतना अंतर नहीं है।

29

बेचैन वानर

लगभग डेढ़ मिलियन वर्ष पहले हॉमिनिड दुनिया के किसी भूले-बिसरे प्रतिभाशाली प्राणी ने कुछ अनपेक्षित किया। उसने एक पत्थर लिया और उसका इस्तेमाल दूसरे पत्थर को पैना करने के लिए किया। नतीजे के रूप में सामने आई, सामान्य सी बूँद जैसी आकृति वाली कुल्हाड़ी, लेकिन वह दुनिया की आधुनिक टेक्नॉलोजी का पहला नमूना थी।

वह उस समय मौजूद बाक़ी औज़ारों से इतनी बेहतर थी कि जल्द ही सबने उस आविष्कारक का अनुसरण करते हुए वैसी ही कुल्हाड़ियाँ बनानी शुरू कर दीं। अंततः सभी लोग वही करने लगे। इयान टैटरसल का कहना है कि "उन्होंने हज़ारों की संख्या में उन्हें बनाया। अफ़्रीका में कई जगहें ऐसी हैं, जहाँ पर आपको हर क़दम पर वही मिलेंगी। यह अजीब बात है, क्योंकि उन्हें बनाने में काफ़ी मेहनत लगती थी। ऐसा लगता था कि उन्हें उस काम को करने में मज़ा आता था।"

अपने कमरे के एक शेल्फ़ से टैटरसल ने एक बहुत विशालकाय साँचा उतारा, जो शायद आधा मीटर लंबा और अपने सबसे चौड़े बिंदु पर 20 सेंटीमीटर चौड़ा था और उसे मुझे पकड़ा दिया। उसकी आकृति भाले के अगले सिरे जैसी थी, लेकिन उसका आकार एक सीढ़ी जितना था। फ़ाइबरग्लास के साँचे में वह कुछ ही औंस का था, लेकिन तंज़ानिया में पाए गए मूल नमूने का वज़न 11 किलोग्राम था। "औज़ार के रूप में वह बिलकुल बेकार था," टैटरसल ने कहा। "इसे उठाने के लिए दो लोगों की ज़रूरत पड़ती होगी और फिर भी उससे कुछ भी कूटने की कोशिश करना बेहद थका देने वाला अनुभव रहा होगा।"

"तो उसका इस्तेमाल किस चीज़ के लिए होता होगा?"

इस रहस्य का मज़ा लेते हुए टैटरसल ने हँसते हुए कंधे उचकाए।

"नहीं मालूम। उसका कोई प्रतीकात्मक महत्त्व रहा होगा, लेकिन हम केवल अनुमान ही लगा सकते हैं।"

कुल्हाड़ियों को उत्तरी फ्रांस के आमियां के संत अशुल के नाम पर अशुलिया औज़ार कहा गया, जहाँ पर उन्नीसवीं सदी में शुरुआती नमूने पाए गए थे और पुराने, सरल औज़ारों को ओल्डोवान कहा गया था, जो मूल रूप से तंज़ानिया में ओल्डोवाई गॉर्ज में पाए गए थे। पुरानी पाठ्यपुस्तकों में ओल्डोवान औज़ारों को आम तौर पर भोथरे, गोल और हाथ के आकार के पत्थरों के रूप में दिखाया जाता है। अब मानव जीवाश्म विशेषज्ञों का मानना है कि ओल्डोवान शिलाओं के औज़ार दरअसल इन बड़े पत्थरों के टुकड़े थे, जिनका इस्तेमाल काटने के लिए किया जाता था।

इसमें कुछ रहस्यमय है। जब प्रारंभिक आधुनिक मानव यानी जो प्राणी अंततः हमारे रूप में परिणत हुए, वे लगभग एक लाख साल पहले अफ़्रीका से बाहर जाने लगे, तो अशुलिया औज़ार उनकी पसंदीदा तकनीक थे। ये शुरुआती *होमो सेपियंस* उन्हें बहुत पसंद करते थे और उन्हें अपने साथ दूर-दूर तक ले गए। यहाँ तक कि कई बार वे बिना किसी आकार वाले पत्थरों को भी साथ ले गए, ताकि बाद में उनसे औज़ार बना सकें। कहने का मतलब यह है कि वे तकनीक के प्रति समर्पित थे, हालाँकि अशुलिया औज़ार समूचे अफ़्रीका, यूरोप और पश्चिमी व मध्य एशिया में पाए जाते रहे हैं, लेकिन सुदूर पूर्व में वे प्रायः कभी नहीं पाए गए। यह काफ़ी उलझन भरी बात है।

1940 के दशक में हार्वर्ड के जीवाश्म विज्ञानी हॉलम मोवियुस ने मोवियुस रेखा खींची, जो उन दो क्षेत्रों के बीच थी, जहाँ अशुलिया औज़ार पाए गए और जहाँ नहीं पाए गए थे। यह रेखा यूरोप में दक्षिणपूर्वी दिशा की ओर और मध्य पूर्व में आधुनिक कोलकाता और बांग्लादेश के आस-पास है। इस रेखा के परे समूचे दक्षिण पूर्व एशिया से लेकर चीन तक केवल पुराने, अधिक सरल ओल्डोवान औज़ार पाए गए हैं। हम जानते हैं कि *होमो सेपियंस* इस बिंदु के परे भी गए थे, लेकिन ऐसा क्यों हुआ कि वे अपनी पत्थर की तकनीकी को सुदूर पूर्व के छोर तक ले गए और फिर उसे छोड़ दिया?

कैनबरा की ऑस्ट्रेलियन नेशनल यूनिवर्सिटी के ऐलन थॉर्न कहते हैं, "मैं काफ़ी समय तक उससे परेशान रहा। समूचा आधुनिक मानवशास्त्र इस विचार के इर्द-गिर्द तैयार हुआ है कि इंसान अफ़्रीका से दो लहरों में निकले -*होमो इरेक्टस* की पहली लहर, जो जावा मैन और पीकिंग मैन उसी तरह के प्राणी बनी और दूसरी बाद की *होमो सेपियंस* की अधिक उन्नत लहर, जिसने पहली को विस्थापित कर दिया, फिर भी उसे स्वीकार करने के लिए आपको मानना पड़ेगा कि *होमो सेपियंस* अपनी अधिक आधुनिक टेक्नॉलोजी के साथ इतनी दूर तक पहुँचे और फिर पता नहीं किस कारण से उसे छोड़ दिया। यह सब काफ़ी पेचीदा था।"

जैसा कि बाद में पता चला कि उससे भी अधिक पेचीदा बातें सामने आने वाली थीं और उनमें से एक की खोज तो उसी हिस्से से हुई, जहाँ से थॉर्न आते थे यानी ऑस्ट्रेलिया के सुदूर इलाक़े से। 1968 में जिम बॉलर नामक एक भूविज्ञानी को न्यू साउथ वेल्स के पश्चिमी सूखे व एकाकी किनारे पर मंगो कहलाने वाले सूखी झील की सतह पर अलग सा कुछ दिखाई दिया। लूनेट नाम से ज्ञात नवचंद्राकार रेतीली मेड़ पर से कुछ मानव हड्डियाँ बाहर की ओर निकली हुई थीं। उस समय यह माना जाता था कि ऑस्ट्रेलिया में इंसान आठ हज़ार साल पहले आया होगा, लेकिन मंगो तो बारह हज़ार साल से सूखा था, तो कोई इस तरह की प्रतिकूल जगह पर क्या कर रहा होगा?

कार्बन डेटिंग से इसका जवाब मिला कि जिस इंसान की वे हड्डियाँ थीं, वह उस समय पर मंगो झील में रह रहा होगा, जब वह अनुकूल आवास रही होगी, 20 किलोमीटर लंबी, पानी व मछलियों से भरी और कैजुआरियाना पेड़ों से घिरी हुई। यह जानकर सबको हैरानी हुई कि वे हड्डियाँ तेइस हज़ार साल पुरानी थीं। उसके आस-पास मिली अन्य अस्थियाँ साठ हज़ार साल तक पुरानी निकलीं। यह नामुमकिन लगने की हद तक अप्रत्याशित था। पृथ्वी पर हॉमिनिड के पहली बार उदय के समय से ऑस्ट्रेलिया एक द्वीप रहा था। यहाँ पहुँचने वाले इंसान समुद्र के रास्ते से और बड़ी तादाद में आए होंगे, ताकि उनकी संख्या बढ़ सके, वे 100 किलोमीटर या उससे अधिक खुले पानी को पार करके आए होंगे और उन्हें पता भी नहीं होगा कि आगे कितनी दूरी पर उन्हें भूस्थल मिलेगा। यहाँ पहुँचने के बाद मंगो लोगों ने ऑस्ट्रेलिया के उत्तरी तट, जिसे प्रवेश का बिंदु माना जाता है, वहाँ से भीतर की ओर 3000 किलोमीटर से भी अधिक दूरी तय की होगी। *प्रोसीडिंग्स ऑफ़ द नेशनल अकैडमी ऑफ़ साइंसेज़* की एक रिपोर्ट के अनुसार, "लोग वहाँ पर पहली बार 60,000 वर्ष से भी पहले पहुँचे होंगे।"

वे वहाँ कैसे पहुँचे या क्यों आए, इन सवालों के जवाब नहीं दिए जा सकते। अधिकांश मानवशास्त्रीय ग्रंथों के अनुसार, इस बात के कोई सबूत नहीं हैं कि साठ हज़ार साल पहले लोग बात कर पाते होंगे, फिर समुद्र में जाने लायक़ नौका बनाना और द्वीपों पर बसने जैसी सहयोगात्मक गतिविधियों में शामिल होना तो बहुत दूर की बात है।

कैनबरा में मुलाक़ात होने पर ऐलन थॉर्न ने मुझे बताया कि "अभिलिखित इतिहास से पहले के लोगों की गतिविधियों के बारे में हम काफ़ी कुछ नहीं जानते हैं। उन्नीसवीं सदी के मानवशास्त्री जब पहली बार पापुआ न्यू गिनी पहुँचे, तो उन्हें आंतरिक भागों के पर्वतीय प्रदेशों में जो कि पृथ्वी के सबसे दुर्गम क्षेत्रों में से एक थे, वहाँ भी शकरकंद उगाने वाले लोग मिले। शकरकंद तो मूल रूप से दक्षिण अमेरिका की चीज़ थी, तो फिर वह पापुआ न्यू गिनी कैसे पहुँची? हमें उसके कारण

का ज़रा सा भी अंदाज़ा नहीं है। यह अवश्य निश्चित है कि पारंपरिक रूप से जितना सोचा जाता था, लोग उससे काफ़ी अधिक लंबे समय से गतिशील रहे थे और जीन्स के साथ ही जानकारी भी साझा कर रहे थे।"

जीवाश्म रिकॉर्ड की समस्या रही है। थॉर्न कहते हैं, "दुनिया के बहुत कम हिस्सों में लंबे समय से संरक्षित मानव अवशेष मिले हैं। हदार और पूवी अफ़्रीका में ओल्डोवाई जैसे उपयोगी इलाक़े न होते तो हमें और भी कम जानकारी होती। कहीं और देखने पर हमें काफ़ी कम जानकारी मिलती है। पूरे भारत में हमें लगभग तीन लाख साल पहले का बस एक प्राचीन मानव जीवाश्म मिला है। इराक़ और वियतनाम के बीच, जो कि लगभग पाँच हज़ार किलोमीटर का फ़ासला है, उसमें दो मिले हैं : एक भारत में और एक निएंडरथल उज़्बेकिस्तान में। यह काफ़ी नहीं है। हालत यह है कि अफ़्रीका में ग्रेट रिफ़्ट वैली जैसी जगह और यहाँ ऑस्ट्रेलिया में मंगो, बस यही कुछ उपयोगी इलाक़े हैं, बीच में बहुत कम हैं। यही वजह है कि जीवाश्म विज्ञानियों को इन बिंदुओं को जोड़ने में परेशानी होती है।"

इंसानी गतिविधियों को लेकर पारंपरिक सिद्धांत के अनुसार, जिसे अब भी इस क्षेत्र के ज़्यादातर लोग मानते हैं, यूरेशिया में इंसान दो लहरों में फैले। पहली में अफ़्रीका से निकलने वाले *होमो इरेक्टस* थे, जो लगभग दो मिलियन वर्ष पहले प्रजाति के रूप में विकसित होते ही तेज़ी से फैलने लगे। समय के साथ वे विभिन्न क्षेत्रों में बस गए, ये प्रारंभिक *इरेक्टस* आगे चलकर दो विशिष्ट प्रकारों में विकसित हुए – एशिया में जावा मैन और पीकिंग मैन और फिर *होमो हाइडलबर्गेन्सिस* और अंततः यूरोप में होमो *निएंडरथलेन्सिस*।

उसके बाद तक़रीबन एक लाख साल पहले अफ़्रीका के मैदानों में एक अधिक चतुर, अधिक फुर्तीले प्राणी का उदय हुआ, जो कि हममें से हरेक का पूर्वज था और जिसने दूसरी लहर के अंतर्गत बाहर निकलना शुरू किया। इस सिद्धांत के अनुसार, ये नए *होमो सेपियंस* जहाँ भी गए, इन्होंने अपने से सुस्त और कम कुशल पूर्ववर्तियों की जगह ले ली। उन्होंने यह कैसे किया, इस पर हमेशा से विवाद होता रहा है। हत्याओं के कोई सुराग कभी नहीं मिले, तो अधिकतर विशेषज्ञों का मानना है कि नए हॉमिनिडों ने पुराने को प्रतियोगिता से बाहर कर दिया, हालाँकि अन्य कारकों का भी इसमें योगदान रहा होगा। टैटरसल कहते हैं, "शायद हमने उन्हें चेचक दिया होगा। पता लगाने का कोई तरीक़ा नहीं है। बस यही बात पक्की है कि हम यहाँ पर मौजूद हैं और वे नहीं हैं।"

ये प्रारंभिक आधुनिक मानव आश्चर्यजनक रूप से अस्पष्ट हैं। हमें बाक़ी हॉमिनिडों की जानकारी है, लेकिन अपने बारे में हमें ज़्यादा कुछ पता नहीं है। यह अजीब तो है और जैसा कि टैटरसल बताते हैं, "मानव विकास में सबसे हाल की

प्रमुख घटना यानी हमारी अपनी प्रजाति का उभरना शायद सबसे अस्पष्ट है। इस बात पर भी हर किसी की सहमति नहीं है कि वास्तव में आधुनिक मानव जीवाश्म रिकॉर्ड में कब पहली बार दिखाई दिए। कई किताबें दक्षिण अफ़्रीका में क्लासीज़ नदी के मुहाने पर पाए गए अवशेषों के आधार पर इसे लगभग एक लाख बीस हज़ार साल पहले मानती हैं, लेकिन हर कोई इस बात को स्वीकार नहीं करता कि वे पूरी तरह से आधुनिक मानव थे। टैटरसल और श्वार्ट्ज़ मानते हैं कि "इस बात को लेकर निश्चित स्पष्टीकरण का अभी इंतज़ार है कि इनमें से कोई या फिर सब के सब वास्तव में हमारी प्रजाति का प्रतिनिधित्व करते हैं।"

अविवादित रूप से माना जाता है कि पूर्वी भूमध्यीय क्षेत्र, आधुनिक इस्राइल के आस-पास पहली बार लगभग एक लाख साल पहले *होमो सेपियंस* दिखने शुरू हुए थे - लेकिन उनका वर्णन भी (त्रिंकाउस और शिपमैन द्वारा) 'अजीब, वर्गीकरण करने में कठिन और असंतोषजनक रूप से ज्ञात' के रूप में किया जाता है। निएंडरथल उस इलाके में पहले से स्थापित थे और उनके पास मुस्टेरियन नाम से ज्ञात औज़ारों का एक संग्रह था, जो इतने काम के थे कि आधुनिक मानवों ने उन्हें उधार लिया। उत्तर अफ़्रीका में निएंडरथल के अवशेष कभी नहीं पाए गए हैं, लेकिन उनके औज़ारों का यह संग्रह यहाँ पर हर जगह मिलता है। कोई उन्हें वहाँ ले गया होगा और संभावना यही है कि आधुनिक मानव उन्हें ले गए होंगे। यह भी ज्ञात है कि मध्य पूर्व में कई हज़ार वर्षों तक निएंडरथल और आधुनिक मानव सह-अस्तित्व में थे। टैटरसल कहते हैं कि "हमें यह नहीं पता कि वे उसी जगह पर अलग-अलग समय पर रहते थे या फिर एक साथ रहते थे," लेकिन आधुनिक मानव निएंडरथल औज़ारों का इस्तेमाल करते रहे, जो कि असल में उनके बेहतर होने का कोई पक्का प्रमाण नहीं है। लगभग मध्य पूर्व में दस लाख साल पहले के अशुलिया औज़ार पाए गए, लेकिन यूरोप में उनकी मौजूदगी तीन लाख साल पहले तक दुर्लभ है। यह भी रहस्य है कि जिन लोगों के पास टेक्नॉलोजी थी, वे उन औज़ारों को अपने साथ क्यों नहीं ले गए।

काफ़ी लंबे समय तक यह माना जाता था कि यूरोप में क्रो-मैग्नन के नाम से ज्ञात आधुनिक मानवों ने महाद्वीप में आगे बढ़ते हुए निएंडरथल को खदेड़ दिया और उन्हें महाद्वीप के पश्चिमी सीमांत की ओर जाने को मज़बूर किया, क्योंकि उनके पास समुद्र में गिरने या फिर विलुप्त होने के अलावा कोई और विकल्प नहीं था। यह भी अब ज्ञात है कि लगभग उसी समय में क्रो-मैग्नन यूरोप के सुदूर पश्चिम में थे और पूर्व से भी आ रहे थे। टैटरसल कहते हैं, "उन दिनों यूरोप काफ़ी ख़ाली हुआ करता था। हो सकता है कि आने-जाने के दौरान उनका सामना उतना अक्सर न होता हो।" क्रो-मैग्नन के आगमन से जुड़ी एक अनोखी बात यह है कि यह उस समय हुआ, जिसे पुराजलवायु विज्ञान में बूतोलिये अंतराल के रूप

में जाना जाता है और जब यूरोप सापेक्षिक रूप से सुहावने मौसम के काल से कड़ाके की सर्दी के लंबे दौर में प्रवेश कर रहा था। वह जो कुछ भी हो, बढ़िया मौसम तो नहीं था, जिसने उन्हें यूरोप की ओर आकर्षित किया।

बहरहाल, यह विचार कि निएंडरथल ने वहाँ नए आए क्रो-मैग्नन से मिलने वाली प्रतिस्पर्द्धा के सामने घुटने टेक दिए, थोड़ा साक्ष्यों के विरुद्ध जाता है। निएंडरथल मज़बूत थे और हज़ारों वर्षों से ऐसे हालात में रहे थे, जिसमें कुछ ध्रुवीय वैज्ञानिकों व अन्वेषकों के अलावा कोई आधुनिक मानव नहीं रहा होगा। हिमयुगों के सबसे बदतर काल में आंधी की रफ़्तार से आने वाले बर्फ़ के तूफ़ान आम थे। नियमित रूप से तापमान शून्य से 45 डिग्री सेल्सियस तक नीचे गिर जाते थे। ध्रुवीय भालू मंद गति से दक्षिणी इंग्लैंड की बर्फ़ की घाटियों से गुज़रते थे। स्वाभाविक रूप से निएंडरथल उस मौसम से दूर जाते थे, लेकिन फिर भी उन्हें ऐसे मौसम का सामना करना पड़ता था, जो आधुनिक साइबेरियाई सर्दी जितना बुरा होता था। निएंडरथल को भी नुक़सान होता था, तीस साल से अधिक आयु तक जीने वाला निएंडरथल भाग्यशाली होता था, लेकिन प्रजाति के रूप में वे शानदार ढंग से लचीले थे और उन्हें कोई आसानी से ख़त्म नहीं कर सकता था। वे कम से कम एक लाख साल या उससे दुगने समय तक जिब्राल्टर से लेकर उज़्बेकिस्तान तक के इलाक़े में अस्तित्व में रहे, जो किसी भी प्रजाति के प्राणी के लिए काफ़ी सफल अवधि थी।

वे कौन थे और कैसे थे, ये अब भी असहमति और अनिश्चितता के विषय हैं। बीसवीं सदी के मध्य तक निएंडरथल को लेकर स्वीकृत मानवशास्त्रीय दृष्टिकोण यह था कि वह मंदबुद्धि, झुककर व पाँव घसीटकर चलने वाला और बंदर जैसा था - बिलकुल गुफा मानव था। एक दर्दनाक हादसे ने वैज्ञानिकों को इस नज़रिये पर फिर से विचार करने को प्रेरित किया। 1947 में सहारा में काम करते हुए फ्रांसीसी-अल्जीरियन जीवाश्म विज्ञानी कैमीय आहोमबू दोपहर की धूप से बचने के लिए अपने विमान के डैने के नीचे चले गए। उनके बैठते ही गर्मी से एक टायर फट गया और विमान अचानक एक ओर झुक गया, जिससे उनके शरीर के ऊपरी हिस्से पर दर्दनाक झटका लगा। बाद में पेरिस में अपनी गर्दन का एक्स-रे कराते हुए उन्होंने गौर किया कि उनकी अपनी रीढ़ के जोड़ झुककर चलने वाले विशालकाय निएंडरथल की तरह संरेखित थे। इससे यह निष्कर्ष निकला कि या तो वह शारीरिक रूप से आदिम थे या फिर निएंडरथल की मुद्रा को सही नहीं समझा गया था। बाद वाली बात सही थी। निएंडरथल गुफा मानव नहीं थे। इसने निएंडरथल के प्रति हमारे दृष्टिकोण को बदल कर रख दिया, लेकिन ऐसे साक्ष्य बहुत कम मिले हैं।

अब भी आम तौर पर यह माना जाता है कि निएंडरथल में बुद्धिमत्ता या प्रकृति की कमी थी कि वे पृथ्वी के सुडौल और मानसिक रूप से अधिक कुशल

नवांगतुकों यानी *होमो सेपियंस* से बराबरी का मुक़ाबला कर सकें। हाल की एक किताब में टिप्पणी की गई है : "आधुनिक मानवों ने इस बढ़त (निएंडरथल का अधिक बलवान शरीर) को बेहतर कपड़ों, बेहतर आग और बेहतर शरण-स्थल से बेअसर कर दिया; इस बीच, निएंडरथल अत्यधिक बड़े शरीर के कारण पीछे रह गए, जिसे बनाए रखने के लिए अधिक भोजन की आवश्कता थी।" अन्य शब्दों में, जिन कारकों के कारण वे एक लाख वर्षों तक सफलतापूर्वक अस्तित्व में रहे, अचानक वही उनके लिए बड़ी अक्षमता बन गए।

इसके अलावा इस मुद्दे पर लगभग कभी ध्यान नहीं दिया गया कि निएंडरथल के मस्तिष्क आधुनिक लोगों की तुलना में उल्लेखनीय रूप से बड़े थे। एक गणना के अनुसार, निएंडरथल में यह 1.8 लीटर और आधुनिक लोगों में 1.4 लीटर थे। यह आधुनिक *होमो सेपियंस* और बाद के *होमो इरेक्टस* के बीच मौजूद अंतर से अधिक है। यहाँ यह तर्क दिया जाता है कि हमारे मस्तिष्क भले छोटे रह हों, लेकिन वे अधिक कुशल थे। मैंने पाया कि मानव क्रमिक विकास में कहीं भी इस तरह का तर्क नहीं दिया गया है।

तो फिर आप पूछ सकते हैं कि यदि निएंडरथल इतने ही मज़बूत, अनुकूलनशील और दिमाग़ी रूप से संपन्न थे, तो वे अब हमारे साथ क्यों नहीं हैं? एक संभावित (लेकिन काफ़ी विवादित) जवाब यह है कि शायद वे हैं। ऐलन थॉर्न बहुप्रादेशिक अवधारणा कहलाने वाले एक वैकल्पिक सिद्धांत के प्रस्तावकों में से एक हैं। इसके अनुसार मानव क्रमिक विकास सतत रहा है और जैसे ऑस्ट्रेलोपिथीसीन्स *होमो हैबिलिस* में विकसित हुए और *होमो हाइडलबर्गेन्सिस* का विकास *होमो* निएंडरथलेन्सिस में हुआ, वैसे ही *होमो सेपियंस* भी अधिक प्राचीन *होमो* स्वरूपों से निकले। इस अवधारणा के अनुसार, *होमो इरेक्टस* एक अलग प्रजाति नहीं है, बल्कि बीच का चरण है। इस प्रकार आधुनिक चीनी, चीन के प्राचीन *होमो इरेक्टस* से निकले हैं, आधुनिक यूरोपीय लोग प्राचीन यूरोपीय *होमो इरेक्टस* से आए हैं और यह सिलसिला चलता रहता है। थॉर्न कहते हैं, "मेरा मानना है कि कोई *होमो इरेक्टस* हैं ही नहीं। मेरे विचार में यह शब्द अब अपनी उपयोगिता खो चुका है। मेरे लिए *होमो इरेक्टस* हमारा प्रारंभिक हिस्सा है। मेरा मानना है कि मानवों की केवल प्रजाति ने अफ़्रीका छोड़ा और वह है, *होमो सेपियंस*।"

इस बहुप्रादेशिकता सिद्धांत के विरोधी इसे इस आधार पर ख़ारिज करते हैं कि इसके लिए सबसे पहले अफ़्रीका, चीन, यूरोप, इंडोनेशिया के सबसे सुदूर द्वीपों और जहाँ कहीं भी वे दिखाई दिए यानी समूचे ओल्ड वर्ल्ड में हॉमिनिड का असंभाव्य समानांतर क्रमिक विकास होना चाहिए। कुछ का यह भी मानना है कि यह सिद्धांत नस्लवादी दृष्टिकोण को बढ़ावा देता है, मानवशास्त्र ने जिससे लंबे समय के बाद बड़ी मुश्किल से छुटकारा पाया। 1960 की शुरुआत में पेनसिल्वेनिया

यूनिवर्सिटी के प्रसिद्ध मानवविज्ञानी कार्लटन कून ने यह सुझाया था कि कुछ आधुनिक मानव नस्लों के उद्गम स्रोत अलग हैं, जिसका आशय यह था कि हम में से कुछ बेहतर नस्लों से आए हैं। इससे उन कुछ प्रारंभिक मान्यताओं पर असहज रूप से फिर से ध्यान गया कि अफ़्रीकी "बुशमेन" (कालाहारी सान) और ऑस्ट्रेलियाई आदिवासी नस्लें अन्य से अधिक आदिम थीं।

कून ने निजी तौर पर चाहे जो कुछ भी महसूस किया हो, कई लोगों के लिए उसका आशय यह था कि कुछ नस्लें सहज रूप से अधिक उन्नत थीं और कुछ मानव अनिवार्य रूप से अलग प्रजातियों से थे। अब यह दृष्टिकोण स्वाभाविक रूप से अपमानजक है, लेकिन हाल के समय तक कई सम्मानजनक दायरों में यह व्यापक रूप से लोकप्रिय था। मेरे सामने 1961 में टाइम-लाइफ़ पब्लिकेशन्स द्वारा प्रकाशित *द एपिक ऑफ़ मैन* है, जो *लाइफ़* पत्रिका में प्रकाशित लेखों की श्रृंखला पर आधारित है। इसमें आपको 'रोडीशियन मानव...हाल तक 25,000 पहले रहता था और संभवतः अफ़्रीकी नीग्रो का पूर्वज रहा हो। उसके मस्तिष्क का आकार लगभग *होमो सेपियंस* जितना था," जैसी टिप्पणियाँ मिल जाएँगी। अन्य शब्दों में, काले अफ़्रीकी हाल ही में उन प्राणियों से आए थे, जो *होमो सेपियंस* के सिर्फ़ 'नज़दीक' थे।

थॉर्न स्पष्ट रूप से (और मुझे विश्वास है) इस विचार को ख़ारिज करते हैं कि उनका सिद्धांत किसी भी लिहाज़ से नस्लवादी है और संस्कृतियों व क्षेत्रों के बीच आगे-पीछे कई गतिविधियाँ रहने की बात सुझाकर मानव के क्रमिक विकास की समरूपता को बताते हैं। उनका कहना है कि "इस बात को मानने का कोई कारण नहीं कि लोग केवल एक ही दिशा में गए। लोग हर जगह थे और जहाँ कहीं भी वे मिले, उन्होंने लगभग निश्चित रूप से अंतर प्रजनन कर आनुवंशिक सामग्री को साझा किया। नवांगतुकों ने मूल निवासियों को विस्थापित नहीं किया, वे उनके साथ मिल गए। वे वही बन गए।" थॉर्न इस स्थिति की तुलना उस समय से करते हैं जब अन्वेषकों कुक या मैगेलन को सुदूर स्थानों पर पहली बार लोग मिले। "वे विभिन्न प्रजातियों की मुलाक़ातें नहीं थीं, बल्कि एक ही प्रजाति की थीं, जिनमें कुछ शारीरिक अंतर थे।"

थॉर्न इस बात पर ज़ोर देते हैं कि जीवाश्म रिकॉर्ड में जो आपको दरअसल दिखता है, वह सहज और सतत परिवर्तन लगता है। "ग्रीस में पेट्रालोना में लगभग तीन हज़ार साल पहले की मशहूर खोपड़ी है, जो परंपरावादियों के बीच विवाद का विषय रही है, क्योंकि कुछ मायनों में वह *होमो इरेक्टस* लगती है, जबकि कुछ में *होमो सेपियंस।* हम भी यही कहते हैं कि उन प्रजातियों में यही पाए जाने की अपेक्षा होगी, जो विस्थापित होने की बजाय विकसित हो रही थीं।"

इन विवादों को हल करने में अंतर प्रजनन के साक्ष्य से मदद मिल सकती है, लेकिन जीवाश्मों से उसे साबित या ख़ारिज कर देना बिलकुल भी आसान नहीं होगा। 1999 में पुर्तगाल में पुरातत्व विज्ञानियों को तक़रीबन चार साल के एक बच्चे का कंकाल मिला, जिसकी मृत्यु 24,500 साल पहले हुई थी। कंकाल वैसे तो आधुनिक था, लेकिन उसमें कुछ आदिम, संभवतः निएंडरथल विशेषताएँ थीं : टाँगों की मज़बूत हड्डियाँ, दाँतों में विशिष्ट 'शोवलिंग' पैटर्न और (हालाँकि हर कोई इस पर सहमत नहीं) खोपड़ी के पीछे सुप्रैनिऐक फॉसा कहलाने वाला एक निशान, जो निएंडरथल की ही ख़ासियत था। निएंडरथल पर अग्रणी विशेषज्ञ सेंट लुइस में वॉशिंगटन यूनिवर्सिटी के ऐरिक त्रिंकाउस ने घोषणा की कि वह बच्चा संकर था : यह सबूत कि आधुनिक मानव और निएंडरथल आपस में प्रजनन करते थे। अन्य इस बात से परेशान थे कि निएंडरथल और आधुनिक विशेषताएँ अधिक मिश्रित नहीं थीं। जैसा कि एक आलोचक ने कहा, "यदि आप किसी ख़च्चर को देखें, तो वह आगे के सिरे से गधा या पीछे से घोड़ा नहीं लगेगा।"

इयान टैटरसाल ने घोषणा की कि वह 'तगड़े आधुनिक बच्चे' से अधिक कुछ नहीं था। उन्होंने स्वीकार किया कि हो सकता है कि निएंडरथल और आधुनिक मानवों के बीच कुछ हुआ होगा, लेकिन वह यह नहीं मानते कि उसके नतीजे के तौर पर कोई बच्चा* हुआ होगा। वह कहते हैं, "मुझे जीव विज्ञान के किसी क्षेत्र से ऐसे दो जीवों की जानकारी नहीं है, जो अलग हों और फिर भी एक प्रजाति के हों।"

जीवाश्म रिकॉर्ड से ज़्यादा मदद न मिलने के कारण वैज्ञानिक लगातार आनुवंशिक अध्ययनों की ओर जाने लगे हैं, ख़ासकर माइटोकॉन्ड्रियल डीएनए नाम से ज्ञात हिस्से की ओर। माइटोकॉन्ड्रियल डीएनए की खोज 1964 में हुई थी, लेकिन 1980 के दशक तक बर्कली में कैलिफ़ोर्निया यूनिवर्सिटी के कुछ प्रतिभावान लोगों ने पाया कि इसकी विशेषताएँ इसे एक प्रकार की आणविक घड़ी के तौर पर विशेष उपयोगिता प्रदान करती हैं : यह केवल मादा के माध्यम से आगे बढ़ता है और इसलिए यह हर नई पीढ़ी में पैतृक डीएनए के साथ नहीं मिलता और यह सामान्य न्यूक्लियर डीएनए की तुलना में तक़रीबन बीस गुना तेज़ी से म्यूटेट करता है, जिससे इसका पता लगा पाना और समय के साथ इसके आनुवंशिक पैटर्न को समझना आसान हो जाता है। म्यूटेशन की दर का पता लगाकर वे लोगों के समूहों के आनुवंशिक इतिहास व संबंधों की जानकारी प्राप्त कर सकते हैं।

---

* एक संभावना यह है कि निएंडरथल और क्रो-मैग्नन में क्रोमोज़ोम की संख्या अलग थी, आम तौर पर यह जटिलता तब सामने आती है जब प्रजातियाँ निकट तो होती हैं, लेकिन एक जैसी नहीं होती। मसलन, अश्वीय दुनिया में घोड़ों में 64 क्रोमोज़ोम होते हैं और गधों में 62। दोनों के संसर्ग से पैदा होने वाली संतान में क्रोमोज़ोम की संख्या 63 होगी। संक्षेप में कहें, तो यह प्रजनन करने में अक्षम खच्चर होगा।

1987 में स्वर्गीय ऐलन विलसन के नेतृत्व में बर्कली टीम ने 147 लोगों से लिए गए माइटोकॉन्ड्रियल डीएनए का विश्लेषण किया और यह घोषणा की कि शरीर-रचना के हिसाब से आधुनिक मानवों का उदय पिछले 1,40,000 वर्षों में अफ़्रीका में हुआ और "सभी आधुनिक मानव उन्हीं लोगों के वंशज हैं। बहु प्रादेशिकतावादियों के लिए यह बहुत गंभीर झटका था, फिर लोग इन आँकड़ों पर ज़्यादा गौर करने लगे। इनमें से सबसे अनोखी बात यह थी कि अध्ययन में इस्तेमाल 'अफ़्रीकन्स' वास्तव में अफ़्रीकी-अमेरिकी थे, ज़ाहिर था कि जिनके जीन्स में पिछले कुछ सौ वर्षों में उल्लेखनीय रूप से हस्तक्षेप हुए। म्यूटेशन की अनुमानित दरों को लेकर जल्दी ही कुछ संशय भी सामने आने लगे।

1992 तक अध्ययन को व्यापक रूप से अविश्वसनीय माना जाने लगा। आनुवंशिक विश्लेषण की तकनीकों को परिष्कृत करने का काम जारी रहा, 1997 में म्यूनिख़ यूनिवर्सिटी के वैज्ञानिकों को मूल निएंडरथल मैन की बाँह की हड्डी से कुछ डीएनए निकालने व उसका विश्लेषण करने में सफलता मिली और इस बार साक्ष्य सामने था। म्यूनिख़ अध्ययन में पाया गया कि निएंडरथल डीएनए पृथ्वी पर तब तक मिले किसी भी डीएनए जैसा नहीं था, जिससे यह ठोस संकेत मिला कि निएंडरथल और आधुनिक मानवों के बीच कोई आनुवंशिक संबंध नहीं था। यह वाक़ई बहुप्रादेशिकता के लिए बड़ा झटका था।

फिर 2000 के उत्तरार्द्ध में *नेचर* व अन्य प्रकाशनों ने एक तिरेपन लोगों के माइटोकॉन्ड्रियल डीएनए पर हुए एक स्वीडिश अध्ययन के बारे में लिखा, जिसके मुताबिक़ पिछले एक लाख वर्षों के भीतर सभी आधुनिक मनुष्य अफ़्रीका से निकले थे और वे तक़रीबन दस हज़ार लोगों की नस्ल से थे। इसके बाद व्हाइटहेड इंस्टीट्यूट/मैसाचुसेट्स इंस्टीट्यूट ऑफ़ टेक्नॉलोजी सेंटर फ़ॉर जेनोम रिसर्च ने घोषणा की कि आधुनिक यूरोपीय लोग और शायद आगे अधिक दूरी तक के लोग 'उन कुछ सैकड़ों अफ़्रीकन्स के वंशज थे, जो 25,000 साल पहले अपने इलाकों से निकले थे'।

जैसा कि हमने किताब में बाक़ी जगह भी गौर किया है, आधुनिक मानवों में बहुत कम आनुवंशिक विविधता है - "समूची मानव जनसंख्या की तुलना में पचपन चिंपांज़ियों के समूह में अधिक विविधता है," एक विशेषज्ञ का कहना है। इसका कारण यह है कि हम हाल ही में बहुत छोटी सी बुनियादी जनसंख्या से आए हैं, तो अधिक विविधता का स्रोत उपलब्ध कराने के लिए न तो पर्याप्त समय रहा और न ही पर्याप्त लोग। यह भी बहुप्रादेशिकता के लिए काफ़ी बड़ा प्रहार लगता है। पेन स्टेट के एक विशेषज्ञ ने *वॉशिंगटन पोस्ट* को बताया, "इसके बाद लोग बहुप्रादेशिकता के सिद्धांत पर ज़्यादा विचार नहीं करेंगे, जिसके साक्ष्य बहुत कम हैं।"

इस सबने पश्चिमी न्यू साउथ वेल्स के प्राचीन मंगो लोगों द्वारा प्रस्तुत कमोबेश असीमित क्षमता की अनदेखी की। 2001 के प्रारंभ में थॉर्न और ऑस्ट्रेलियन नेशनल यूनिवर्सिटी के उनके सहकर्मियों ने बताया कि उन्होंने साठ हज़ार साल पहले के सबसे पुराने मंगो नमूनों से डीएनए निकाल लिया था और वह डीएनए 'आनुवंशिक रूप से विशिष्ट' पाया गया।

इन खोजों के अनुसार, मंगो मैन शरीर-रचना की दृष्टि से आधुनिक था यानी हमारे जैसा था, लेकिन उसका आनुवंशिक वंश विलुप्त हो चुका था। उसका माइटोकॉन्ड्रियल डीएनए अब जीवित इंसानों में नहीं पाया जाता, जो कि होना चाहिए था, अगर वह भी आधुनिक लोगों की तरह उन व्यक्तियों का वंशज था, जिन्होंने हाल के अतीत में अफ़्रीका छोड़ा था।

"इसने फिर सब कुछ उलट-पुलट दिया," मज़े लेते हुए थॉर्न कहते हैं।

फिर इससे भी अधिक अनोखी असंगतियाँ सामने आने लगी। ऑक्सफ़ोर्ड में इंस्टीट्यूट ऑफ़ बायोलॉजिकल ऐंथ्रोपॉलोजी में जनसंख्या आनुवंशिकी विज्ञानी रोज़ालिंड हार्डिंग को आधुनिक लोगों में बीटाग्लोबिन जीन्स का अध्ययन करते हुए दो ऐसे प्रकार मिले, जो एशियाई और ऑस्ट्रेलिया के आदिवासी लोगों में आम हैं, लेकिन अफ़्रीका में शायद ही पाए जाते हों। उनका मानना है कि जीन्स के ये प्रकार दो लाख साल पहले अफ़्रीका में नहीं, बल्कि पूर्वी एशिया में उभरे और यह आधुनिक *होमो सेपियंस* के उस क्षेत्र में आने से काफ़ी पहले हुआ। इसका कारण यही बताया जा सकता है कि आज एशिया में जो लोग रह रहे हैं, उनके पूर्वजों में आदिम हॉमिनिड, जावा मैन और उसके जैसे हॉमिनिड शामिल रहे होंगे। दिलचस्प बात यह है कि वही जीन का प्रकार यानी जावा मैन जीन ऑक्सफ़ोर्डशर की आधुनिक जनसंख्या में भी मौजूद है।

इस बात से उलझन में पड़कर मैं ऑक्सफ़ोर्ड में बैनबरी रोड पर स्थित इंस्टीट्यूट में सुश्री हार्डिंग से मिलने पहुँचा। ब्रिसबेन मूल की हार्डिंग ज़िंदादिल ऑस्ट्रेलियाई हैं, जो असाधारण रूप से एक ही समय पर प्रसन्नता और गंभीरता की प्रतिमूर्ति हो सकती हैं।

जब मैंने उनसे पूछा कि ऑक्सफ़ोर्डशर के लोगों में कैसे बीटाग्लोबिन पाया गया, तो मुस्कराते हुए उन्होंने कहा, "पता नहीं," फिर गंभीरतापूर्वक बात आगे बढ़ाते हुए उनका कहना था, "कुल मिलाकर आनुवंशिक रिकॉर्ड अफ़्रीका से बाहर की अवधारणा का समर्थन करता है, लेकिन फिर ऐसी असंगतियाँ मिलती हैं, जिन पर अधिकांश आनुवंशिकी विज्ञानी बात करना पसंद नहीं करते। *ढेर सारी* जानकारी हमें तभी मुहैया हो सकती है, जब हम उसे समझ सकें, लेकिन अभी तक हम उसे समझ नहीं सके हैं। हमने बस अभी शुरूआत ही की है।" ऑक्सफ़ोर्डशर में

एशियाई मूल के जीन्स के होने पर उन्होंने बस इतना ही कहा कि यह स्थिति स्पष्ट रूप से जटिल है। "इस समय हम यही कह सकते हैं कि यह सब अव्यवस्थित है और हम उसके कारण के बारे में कुछ नहीं जानते।"

2002 की शुरुआत में हमारी बैठक के समय एक अन्य ऑक्सफ़ोर्ड वैज्ञानिक ब्रायन साइक्स ने एक लोकप्रिय किताब *द सेवन डॉटर्स ऑफ़ ईव* तैयार की थी, जिसमें माइटोकॉन्ड्रियल डीएनए के अध्ययनों का इस्तेमाल करते हुए उन्होंने दावा किया कि सभी जीवित यूरोपीय लोग केवल सात महिलाओं से ही आए थे, जो दस हज़ार और पैंतालीस हज़ार वर्ष पहले के बीच के समय में रही थीं और जिस काल को विज्ञान में पुरापाषाण युग कहा जाता है। इन सातों महिलाओं को साइक्स ने नाम भी दिए थे, उर्सुला, ज़ीनिया, जैस्मीन, इत्यादि और और उनकी विस्तृत कहानी का भी वर्णन किया गया था। ("उर्सुला अपनी माँ की दूसरी संतान थी। पहले बच्चे को तेंदुआ उठाकर ले गया था, जब वह दो साल का था...")

जब मैंने हार्डिंग से इस किताब के बारे में पूछा, तो उनकी मुस्कराहट में थोड़ी सतर्कता थी, जैसे कि सोच में पड़ी हों कि क्या जवाब दें। "मेरे ख़याल से उन्हें इस बात का थोड़ा श्रेय तो दिया जाना चाहिए कि उन्होंने इतने कठिन विषय को लोकप्रिय बनाने में मदद की," उन्होंने कहा और फिर थोड़ा रुककर अपनी बात आगे बढाई, "वैसे एक सुदूर संभावना तो है कि हो सकता है कि वह सही हों।" फिर हँसते हुए बहुत ध्यान से उन्होंने कहा, "किसी एक अकेले जीन से मिले डेटा कुछ भी बहुत निश्चित रूप से नहीं बता सकता। यदि आप माइटोकॉन्ड्रियल डीएनए में पीछे की ओर जाएँ तो वह आपको एक किसी एक बिंदु पर ले जाएगा, वह कोई उर्सुला, तारा या कोई भी हो सकता है, लेकिन यदि आपने डीएनए के किसी *अन्य* हिस्से को लिया, किसी भी जीन को और फिर *उसमें* पीछे गए, तो आप किसी और जगह पर पहुँच जाएँगे।"

मुझे जो समझ में आया, उसे इस तरह बताया जा सकता है कि अगर आप लंदन से बाहर किसी भी सड़क पर चलें और अंततः वह जॉन ओग्रोट्स पर समाप्त हो, जिससे आप यह निष्कर्ष निकालें कि लंदन में जो कोई भी आया होगा, वह स्कॉटलैंड के उत्तर से आया होगा। वे वहाँ से भी आए होंगे, लेकिन इस बात की भी उतनी ही संभावना है कि वे सैकड़ों अन्य जगहों से भी वहाँ पहुँचे होंगे। हार्डिंग के अनुसार इस मायने में हर जीन एक अलग हाईवे है और हमने अभी बस रास्तों को समझना शुरू ही किया है। "एक अकेला जीन कभी आपको पूरी कहानी नहीं बता सकता," उन्होंने कहा।

तो क्या आनुवंशिक अध्ययनों का भरोसा नहीं किया जा सकता?

"सामान्यतया बिलकुल किया जा सकता है। आप बस उन व्यापक निष्कर्षों पर भरोसा नहीं कर सकते, जिन्हें लोग अक्सर उनसे जोड़ देते हैं।"

उनका मानना है कि अफ़्रीका से निकलना "शायद 95 प्रतिशत सही है, लेकिन मेरे ख़याल से दोनों ही पक्षों ने इस बात पर ज़ोर देकर कि यह तो ऐसा है या फिर वैसा करके विज्ञान का नुक़सान किया है। दोनों ही पक्ष जिस तरह से आपको विश्वास दिलाते हैं, हो सकता है कि सब कुछ उतना सीधा-सादा न हो। साक्ष्य सामने आने लगे हैं कि दुनिया के विभिन्न हिस्सों में हर दिशा में कई प्रकार के प्रवास और फैलाव हुए, जिससे जीन्स का मिश्रण हुआ। उसे सुलझाना कभी भी आसान नहीं रहेगा।"

इसी समय पर कई ऐसी रिपोर्टें भी सामने आईं, जिनमें बहुत प्राचीन डीएनए के पाए जाने के दावों की विश्वसनीयता पर सवाल उठाए गए थे। *नेचर* में छपे एक लेख में बताया गया कि जब एक जीवाश्म विज्ञानी से उसके सहयोगी ने पूछा कि किसी पुरानी खोपड़ी पर वॉर्निश था या नहीं, तो उसने उसे चाटा और कहा कि उसमें वॉर्निश था। लेख में आगे कहा गया कि "इस तरह आधुनिक इंसान का डीएनए उस खोपड़ी में चला गया होगा", जिसके कारण भावी अध्ययन के लिए वह नमूना बेकार हो गया होगा। मैंने हार्डिंग से उसके बारे में पूछा। उन्होंने जवाब दिया कि "वह निश्चित रूप से पहले ही संदूषित हो चुकी होगी। हड्डी को हाथ लगाने पर भी वही होगा, उस पर साँस लेने से भी नमूने पर असर पड़ेगा। हमारे लैब्स में मौजूद पानी भी उसे संदूषित करेगा। हम सभी बाहरी डीएनए में हैं। विश्वसनीय रूप से साफ़ नमूना पाने के लिए उसे रोगाणुहीन परिस्थितियों में निकालना होगा और खुदाई करने वाले क्षेत्र में ही उसका परीक्षण करना होगा। किसी नमूने को संदूषण से बचाना बहुत ही मुश्किल काम है।"

तो इस तरह के दावों को संदेहात्मक समझा जाना चाहिए? मैंने पूछा।

सिर हिलाते हुए सुश्री हार्डिंग ने कहा, "बिलकुल"।

यदि आप तुरंत यह समझना चाहते हैं कि हम मानवों के प्रारंभ के बारे में इतना कम क्यों जानते हैं, तो मेरे पास आपके लिए एक जगह है। वह केन्या में न्गॉन्ग पहाड़ियों के परे दक्षिण में और नैरोबी के पश्चिम में मिलेगी। शहर से निकलकर युगांडा की ओर जाने वाले प्रमुख रास्ते पर चलते हुए एक हैरतअंगेज़ पल में आपको असीमित, पीलापन लिए हरा अफ़्रीकी मैदान दिखाई देगा।

यह ग्रेट रिफ़्ट वैली है, जो पूर्वी अफ़्रीका में 3000 मील तक वृत्ताकार फैली है, एक टेक्टॉनिक विलगाव है, जो अफ़्रीका को एशिया से अलग करता है। यहाँ पर शायद नैरोबी से बाहर शायद 65 किलोमीटर घाटी के तल के साथ ओलोरगेसेली नामक एक प्राचीन स्थल है, जो कभी एक विशाल और ख़ूबसूरत झील के किनारे था। 1919 में यह झील ग़ायब हो गई, जे.डब्ल्यू. ग्रेगरी नामक एक भूविज्ञानी

खनिजों की संभावना तलाशने के लिए इलाक़े की छानबीन कर रहे थे कि उन्हें कुछ असंगत गहरे रंग के पत्थरों वाला धरातल दिखाई दिया, जो साफ़ तौर पर इंसानी हाथों का काम था। उन्हें वहाँ पर अशुलिया औज़ार बनाने का महत्त्वपूर्ण स्थल मिला, जिसके बारे में इयान टैटरसल ने मुझे बताया था।

2002 के पतझड़ में अप्रत्याशित रूप से मुझे इस असाधारण स्थल पर जाने का अवसर मिला। मैं केयर इंटरनेशनल द्वारा चलायी जा रही परियोजनाओं के काम से केन्या गया था, लेकिन मेरे मेज़बान अपनी इस किताब के लिए मानव उत्पत्ति में मेरी दिलचस्पी से परिचित थे, तो उन्होंने ओलोरगेसेलीको भी कार्यक्रम में किसी तरह शामिल कर लिया।

भूविज्ञानी ग्रेगरी द्वारा ओलोरगेसेली को खोजने के बाद यह जगह दो दशक से अधिक समय तक अनछुई रही और फिर प्रसिद्ध लुइस और मेरी लीकी दंपति ने यहाँ पर खुदाई शुरू की, जो अब तक पूरी नहीं हुई है। लीकी दंपति को लगभग दस एकड़ में फैली एक जगह मिली, जहाँ पर बहुत बड़ी तादाद में लगभग 1 लाख 20 हज़ार साल से लेकर दो लाख साल के बीच औज़ार बनाए जाते थे। आज ये जगहें तारों और आड़ से ढककर रखी गई हैं, ताकि मौक़ापरस्त लोग यहाँ न पहुँच सकें, लेकिन औज़ार अपनी मूल जगहों पर ही मौजूद हैं, जहाँ और जिस हाल में वे लीकी दंपति को मिले थे।

मेरे गाइड कीन्यन नेशनल म्यूज़ियम के नौजवान जिलनी न्गाली ने बताया कि वहाँ पर वे क्वार्ट्ज़ और ऑब्सीडियन पत्थर कभी नहीं मिले, जिनसे कुल्हाड़ियाँ बनाई जाती थीं। स्थल की विपरीत दिशा में थोड़ी दूरी पर मौजूद ओलोरगेसेली और ओल एसाकुट पहाड़ों की तरफ़ इशारा करते हुए उन्होंने बताया कि "वहाँ से वे पत्थर लाए जाते थे।" दोनों लगभग 10 किलोमीटर दूर थे, जो कि पत्थर ढोने के लिहाज़ से काफ़ी बड़ा फ़ासला था।

प्रारंभिक ओलोरगेसेली लोगों ने इतनी मुश्किल क्यों उठाई होगी, इसका बस हम अंदाज़ा ही लगा सकते हैं। न केवल वे काफ़ी दूर से भारी-भरकम पत्थरों को झील के किनारे लाए, बल्कि शायद इससे भी ज़्यादा कमाल यह है कि उन्होंने उस जगह को व्यवस्थित ढंग से रखा। लीकी दंपति द्वारा की गई खुदाई से पता चला कि कुछ जगहों पर कुल्हाड़ियाँ तैयार की जाती थीं और कुछ जगहों पर भोथरी कुल्हाड़ियों को फिर से पैना किया जाता था। संक्षेप में कहें, तो ओलोरगेसेली एक तरह का कारखाना था। ऐसा कारखाना, जो लाखों वर्षों तक काम करता रहा। कई प्रतिकृतियों से पता चलता है कि कुल्हाड़ी बनाना कठिन और मेहनत भरा काम था। अभ्यास होने के बावजूद एक कुल्हाड़ी को बनाने में कई घंटे लगते थे और दिलचस्प बात यह है कि वे कुल्हाड़ियाँ काटने-छाँटने या छीलने या फिर किसी अन्य

काम के लिहाज़ से उतनी अच्छी नहीं थीं, जिनके लिए उन्हें बनाया जाता था। तो बात यही है कि लाखों वर्षों से प्रारंभिक मानव यहाँ इस जगह पर बड़ी तादाद आए और इतनी बड़ी संख्या में ऐसे औज़ार बनाए, जो बहुत उपयोगी नहीं लगते, यानी हमारी अपनी प्रजाति के अस्तित्व में रहने और हमारे द्वारा आपसी सहयोग से काम किए जाने से भी काफ़ी लंबे समय से ऐसा होता रहा।

ये लोग थे कौन? हमें दरअसल इसकी कोई जानकारी नहीं है। हम मानकर चलते हैं कि वे *होमो इरेक्टस* थे, क्योंकि और कोई ज्ञात प्रत्याशी मौजूद नहीं है। इसका मतलब है कि अपने चरम पर ओलोरगेसेली कामगारों के मस्तिष्क आधुनिक शिशु के मस्तिष्क जैसे रहे होंगे। साठ साल से भी अधिक समय तक चली खोज में ओलोरगेसेली में या उसके आस-पास कोई मानव हड्डी नहीं मिली है। यहाँ उन्होंने पत्थरों को पैना करने में चाहे जितना भी समय लगाया हो, ऐसा लगता है कि वे मरने के लिए कहीं और चले गए थे।

"यह सब रहस्य ही है," जिलगी न्गाली ने प्रसन्नतापूर्वक मुझे बताया।

लगभग दो लाख साल पहले झील के सूखने और आज की तरह रिफ्ट वैली के गर्म व चुनौतीपूर्ण होने के साथ ही ओलोरगेसेली लोग परिदृश्य से ग़ायब हो गए। इस समय तक प्रजाति के रूप में उनके दिन पहले ही गिनती के रह गए थे। दुनिया को अपनी पहली असली कुशल नस्ल, *होमो सेपियंस* मिलने वाली थी। उसके बाद कुछ भी पहले जैसा नहीं रहा।

30

अलविदा

1680 की शुरुआत में जिस समय एडमंड हेली और उनके दोस्त क्रिस्टोफ़र रेन व रॉबर्ट हुक लंदन काफ़ी हाउस में बैठकर बेतकल्लुफ़ी से शर्त लगा रहे थे, जिसकी परिणति आइज़ैक न्यूटन के *प्रिंकिपिया* में हुई, हेनरी कैवेंडिश पृथ्वी के भार का पता लगा रहे थे और ऐसे कई सराहनीय कार्य किए जा रहे थे, जिनका विस्तृत विवरण हमने पिछले चार सौ से अधिक पन्नों पर दिया है, उसी समय हिंद महासागर में स्थित मॉरीशस द्वीप पर मैडागास्कर के पूर्वी तट से 1300 किलोमीटर की दूरी पर ऐसा कुछ हुआ, जो इन कामों से बिलकुल उलट था।

वहाँ पर कोई भूला-बिसरा जहाज़ी या उसका पालतू अंतिम बचे डोडो को मौत के घाट उतार रहा था। उड़ने में नाकाम मशहूर डोडो मंदबुद्धि, लेकिन सब पर भरोसा करने वाला पक्षी था और लंबी टाँगों वाला यह पंछी तेज़ी से आगे नहीं बढ़ पाता था, जिसके कारण किनारे पर मौजूद ऊबे हुए जहाज़ियों के लिए अच्छा निशाना था। लाखों वर्षों से शांतिपूर्वक ढंग से अलग-थलग रहने के कारण डोडो इंसानों के इस बर्बर बर्ताव के लिए कतई तैयार नहीं था।

अंतिम डोडो के आख़िरी पलों के सही-सही हालात और यहाँ तक कि साल के बारे में जानकारी न होने के कारण हमें नहीं पता कि कौन पहले आया था, *प्रिंकिपिया* वाली दुनिया या फिर ऐसी दुनिया, जिसमें डोडो नहीं था, लेकिन हम इतना जानते हैं कि यह सब लगभग आस-पास ही हुआ था। मेरा मानना है कि आपको इंसान की बेहतरीन व दुराचारी प्रकृति का ऐसा दोहरा संयोग शायद ही कहीं और मिलेगा। जीवों की एक ऐसी प्रजाति, जो एक ओर स्वर्ग के गहनतम रहस्यों को खोलने की क्षमता रखती है और दूसरी ओर एक ऐसे प्राणी को बिना किसी मक़सद के मार-मार कर विलुप्त कर देती है, जिसने न तो हमें कभी कोई नुक़सान पहुँचाया और न ही वह यह समझने की क्षमता रखता था कि हम उसके साथ वैसा बर्ताव क्यों कर रहे थे। बताया जाता है कि डोडो में सामान्य समझ की इतनी कमी थी कि यदि आप आस-पास के सभी डोडो को खोजना चाहते थे तो

आपको एक को पकड़ना होता था, उसकी आवाज़ सुनकर बाक़ी सभी डोडो अपने आप उसे देखने चले आते थे।

बेचारे डोडो के साथ होने वाली ये हरकतें यहीं नहीं थमीं। अंतिम डोडो की मृत्यु के सत्तर साल बाद 1755 में ऑक्सफ़ोर्ड में ऐशमोलियन म्यूज़ियम के निदेशक ने भरकर रखे गए डोडो के नमूने से दुर्गंध आने के कारण उसे आग में झोंक दिए जाने का फ़ैसला किया। यह आश्चर्यजनक निर्णय था, क्योंकि तब तक वही एकमात्र डोडो बचा था, भले ही वह निर्जीव था और उसे भरकर रखा गया था। वहाँ से गुज़रता हुआ एक कर्मचारी यह देख हक्का-बक्का रह गया और उसने पक्षी को बचाने की कोशिश की, लेकिन वह उसके सिर व कुछ हिस्से को ही बचा सका।

इस घटना और इसी तरह की बेवकूफ़ी भरी अन्य कई घटनाओं से हमें अब अच्छी तरह नहीं पता कि जीवित डोडो कैसा रहा होगा। जितना कि ज़्यादातर लोग मानते हैं, हमारे पास उससे काफ़ी काम जानकारी मौजूद है। उन्नीसवीं सदी के प्रकृतिविद एचई स्ट्रिकलैंड के शब्दों में कहें तो हमारे पास 'अवैज्ञानिक जहाज़ियों के अधूरे विवरणों, तीन या चार ऑयल पेंटिंग्स और कुछेक अस्थिमय खंडों' के रूप में यह जानकारी है। जैसा कि स्ट्रिकलैंड ने ग़ौर किया कि हमारे पास आधुनिक समय के एक पक्षी के मुक़ाबले प्राचीन समुद्री भीमकाय प्राणियों व सॉरोपॉड की अधिक जानकारी है, वह भी ऐसा पक्षी जिसके जीने के लिए और कुछ नहीं बस हमारी अनुपस्थिति की आवश्यकता थी।

डोडो के बारे में हमारे पास यह जानकारी है : वह मॉरीशस में रहता था, मोटा-ताज़ा था, लेकिन स्वादिष्ट नहीं था और कबूतर वंश का अब तक का सबसे बड़ा सदस्य था, हालाँकि कभी वज़न न लिए जाने के कारण हमें यह नहीं पता कि वह कितना बड़ा था। स्ट्रिकलैंड के 'अस्थिमय खंडों' के आशय और ऐशमोलियन में आग से बचे अवशेष बताते हैं कि डोडो की लंबाई ढाई फ़ीट से थोड़ी ज़्यादा रही होगी और चोंच की नोक से लेकर पीछे के हिस्से तक चौड़ाई भी तक़रीबन उतनी ही रही होगी। उड़ पाने में असमर्थ होने के कारण वह ज़मीन पर अंडे देता था और इस कारण उसके अंडे व बच्चे बाहरी लोगों द्वारा द्वीप पर लाए गए सुअरों, कुत्तों व बंदरों का आसान शिकार साबित होते थे। शायद 1683 तक वह विलुप्त हो गया होगा और 1693 तक तो निश्चित रूप से समाप्त हो गया होगा। उसके परे हमें कुछ भी नहीं पता, सिवाय इसके कि हम उसके जैसे पक्षी को फिर कभी नहीं देख पाएँगे। उसकी प्रजनन आदतों व भोजन, उसके विचरण की जगहों, शांत होने या घबराने पर निकलने वाली उसकी आवाज़ों, आदि के बारे में हमें कोई जानकारी नहीं है। हमारे पास तो डोडो का कोई अंडा तक मौजूद नहीं है।

शुरू से लेकर अंत तक जीवित डोडो के साथ हमारा परिचय केवल सत्तर वर्षों तक ही रहा। यह हैरतअंगेज़ ढंग से बहुत छोटी अवधि है, हालाँकि यहाँ

यह कहना ज़रूरी है कि इतिहास में इस समय तक हमारे पास अपरिवर्तनीय निर्मूलन की हज़ारों साल का चलन मौजूद था। कोई नहीं जानता कि इंसान कितने विनाशकारी हो सकते हैं, लेकिन यह तथ्य है कि पिछले तक़रीबन पचास हज़ार सालों से हम जहाँ भी पहुँचे, वहीं जानवर अक्सर आश्चर्यजनक रूप से बहुत बड़ी तादाद में ग़ायब होने लगे।

दस और बीस हज़ार साल पहले अमेरिका में आधुनिक इंसान के आगमन के साथ ही बड़े जानवरों, उनमें से कुछ काफ़ी बड़े थे, उनके तीस वंश ग़ायब हो गए। उत्तरी और दक्षिण अमेरिका में चकमक पत्थरों के सिरे वाले भाले और बेहतरीन संगठनात्मक क्षमताओं वाले शिकारी इंसान के आते ही कुल मिलाकर बड़े जानवरों का लगभग तीन-चौथाई हिस्सा लुप्त हो गया। यूरोप व एशिया में जहाँ पर जंतुओं के पास इंसानों के प्रति चौकन्ना रहने के गुण को विकसित करने का समय था, वहाँ पर भी बड़े प्राणियों का एक-तिहाई से बड़ा हिस्सा समाप्त हो गया। इसके ठीक उलट कारणों से ऑस्ट्रेलिया में लगभग 95 फ़ीसदी प्राणी ख़त्म हो गए।

चूँकि शुरुआती शिकारी लोगों की संख्या तुलनात्मक रूप से कम थी और जानवर बड़ी तादाद में पाए जाते थे, केवल उत्तरी साइबेरिया के टुंड्रा में ही लाखों विशालकाय शव जमे हुए हैं, ऐसे में कुछ विशेषज्ञों का मानना है जलवायु में आए परिवर्तन या फिर किसी तरह की महामारी के कारण संभवतः इतने जानवर मारे गए होंगे। जैसा कि अमेरिकन म्यूज़ियम ऑफ़ नेचुरल हिस्ट्री के रॉस मैक्फ़ी ने कहा है, "ख़तरनाक जानवरों को अपनी ज़रूरत से ज़्यादा के लिए मारने का कोई फ़ायदा नहीं है, आप एक हद तक ही मैमथ का मांस खा सकते हैं।" कई अन्य का मानना है कि हो सकता है शिकार को पकड़ना और मारना आसान रहा हो। टिम फ़्लैनरी कहते हैं, "ऑस्ट्रेलिया व अमेरिका में शायद जानवरों को समझ नहीं थी कि वे खुद को बचाने के लिए भाग सकें।"

विलुप्त हो चुके प्राणियों में से कुछ बहुत शानदार थे और शायद अब भी मौजूद होते, तो उन्हें मुश्किलों का सामना करना पड़ता। कल्पना करें कि ऊपर की खिड़की में झाँकने वाला कोई विशालकाय स्लॉथ हो, छोटी फिएट के आकार का कछुआ हो, पश्चिम ऑस्ट्रेलिया में रेगिस्तानी हाइवे के किनारे कोई छह मीटर लंबी मॉनिटर लिज़र्ड धूप सेक रही हो। अफ़सोस कि वे अब नहीं रहे और हमारा ग्रह कम संपन्न रह गया। आज समूची दुनिया में केवल चार प्रकार के वास्तविक रूप से विशालकाय स्थलीय प्राणी मौजूद हैं : हाथी, गैंडा, दरियाई घोड़ा और जिराफ़। लाखों-करोड़ों वर्षों में पृथ्वी पर जीवन इतना नन्हा व साधारण नहीं रहा।

ऐसे में सवाल यह उठता है कि पाषाण युग में ग़ायब हुए और हाल के समय में विलुप्त हुए प्राणी एक अकेली विलोपन घटना का हिस्सा थे या नहीं और क्या इंसान अन्य प्राणियों के लिए स्वभाविक रूप से बुरी ख़बर हैं। आशंका है कि ऐसा

हो सकता है। शिकागो यूनिवर्सिटी के जीवाश्म विज्ञानी डेविड राउप के अनुसार समूचे जैव इतिहास के दौरान पृथ्वी पर विलोपन की दर के अनुसार औसतन हर चार वर्षों में एक प्रजाति लुप्त होती रही है। *द सिक्स्थ एक्सटिंक्शन* में रिचर्ड लीकी और रॉजर लुइन के अनुसार इंसानों द्वारा किया गया विलोपन अब उस स्तर से 120,000 गुना हो चुका होगा।

एडिलेड में साउथ ऑस्ट्रेलियन म्यूज़ियम के प्रमुख के रूप में कार्यरत ऑस्ट्रेलियाई प्रकृतिविद टिम फ़्लैनरी 1990 के दशक के मध्य में यह देखकर हैरान रह गए थे कि हम हाल के विलोपनों समेत कितने ही विलोपनों के बारे बहुत कम जानकारी रखते थे। 2002 की शुरुआत में मेलबर्न में उन्होंने मुझसे कहा था, "जहाँ भी नज़र डालें, दस्तावेज़ों में कमियाँ दिखाई देती हैं - जानकारियाँ ग़ायब हैं और डोडो के मामले में तो हैं ही नहीं।"

फ़्लैनरी ने ऑस्ट्रेलिया के ही निवासी एक कलाकार अपने दोस्त पीटर शाउटन को साथ लिया और वे दोनों दुनिया भर के संग्रहों की छानबीन करने और यह देखने निकल पड़े कि क्या कुछ खोया था, क्या बचा था और किस चीज़ के बारे में कभी जानकारी थी ही नहीं। दोनों ने जो कुछ भी उपलब्ध था, वह चाहे पुराना चमड़ा हो, गंध भरे नमूने हों, पुराने चित्र हों या फिर लिखित विवरण, सब कुछ खंगाल डाला। शाउटन ने हर उस जंतु की आदमकद तसवीर बनाई, जिसकी फिर से रचना की जा सकती थी और फ़्लैनरी ने संपूर्ण विवरण लिखा। इस काम का नतीजा थी, एक शानदार किताब *अ गैप इन नेचर*। यह एक संपूर्ण और मर्मस्पर्शी किताब है, जिसमें पिछले तीन सौ वर्षों में विलुप्त हुए प्राणियों की सूची है।

कुछ प्राणियों के बारे में विस्तृत जानकारी मौजूद थी, लेकिन कई बार कई वर्षों तक या फिर कभी भी उनकी सुध नहीं ली गई। ड्यूगॉन्ग से जुड़ा वॉलरस जैसा प्राणी स्टेलर्स सी काउ विलुप्त होने वाले अंतिम काफ़ी बड़े प्राणियों में से एक था। वह विशालकाय था, एक वयस्क की लंबाई लगभग 9 मीटर तक हो सकती थी और वज़न 10 टन तक। उससे हमारा परिचय केवल इस कारण से हो पाया कि 1741 में एक रूसी अभियान दल का जहाज़ दुर्घटनाग्रस्त होकर बेयरिंग सी में सुदूर व कोहरे वाले कमांडर आइलैंड जैसी जगह जा लगा, जहाँ जानवर बड़ी तादाद में थे।

इस अभियान दल में जॉर्ज स्टेलर नामक एक प्रकृतिविद थे, जो इस प्राणी पर मोहित हो गए। फ़्लैनरी के अनुसार, "उन्होंने उसकी पर्याप्त जानकारी दर्ज की, यहाँ तक कि उसके गलमुच्छों की मोटाई का भी नाप लिया। बस उन्होंने नर जननांगों का वर्णन नहीं किया, हालाँकि मादा जननांगों के बारे में उन्होंने लिखा। उन्होंने उसके चमड़े का एक टुकड़ा भी अपने पास रखा, जिस कारण हमें उसकी बनावट की जानकारी है। हम हमेशा इतने भाग्यशाली नहीं रहे।"

स्टेलर बस एक काम नहीं कर सके, वह उस सी काउ को बचा नहीं सके। उसका पहले ही इतना शिकार किया जा चुका था कि वह विलुप्ति के कगार पर था और स्टेलर द्वारा खोजे जाने के सताइस साल के भीतर ही वह पूरी तरह से विलुप्त हो गया। कई अन्य जानवरों को किताब में शामिल नहीं किया जा सका, क्योंकि उनके बारे में बहुत कम जानकारी है। डार्लिंग डाउन्स हॉपिंग माउस, चैटहम आइलैंडस स्वॉन, असेंशन आइलैंड का उड़ने में असमर्थ क्रेक, कम से कम पाँच तरह के बड़े कछुए और कई प्रकार के अन्य प्राणियों के अब हमारे पास केवल नाम ही बचे हैं।

फ़्लैनरी और शाउटन ने पाया कि विलोपन का संबंध हमेशा क्रूरता या अनियंत्रित बर्ताव से नहीं रहा, बल्कि कई बार परले दर्जे की मूर्खता उसकी वजह रही थी। 1894 में न्यू ज़ीलैंड के उत्तरी व दक्षिणी द्वीपों के बीच की संधि में मौजूद स्टीफ़न्स आइलैंड कहलाने वाली एक चट्टान पर जब लाइटहाउस बनाया गया, तो उसकी देखभाल करने वाले की बिल्ली अजीबोग़रीब नन्हे परिंदों को पकड़कर लाने लगी। वह व्यक्ति बड़ी मुस्तैदी से उन नमूनों को वेलिंगटन के संग्रहालय में भेजता रहा। वहाँ के क्यूरेटर को एक नमूने को देखकर बहुत उत्सुकता हुई, क्योंकि वह उड़ने में असमर्थ रेन की प्राचीन प्रजाति थी और वह कहीं भी, कभी भी मिलने वाली उड़ने में नाकाम टहनियों पर बैठने वाले पक्षी का एकमात्र नमूना थी। वह तुरंत उस द्वीप की ओर निकल पड़े, लेकिन उनके पहुँचने तक बिल्ली उन सबको मार चुकी थी। अब हमारे पास बस संग्रहालय में रखे स्टीफ़न आइलैंड के रेन के चौदह नमूने मौजूद हैं।

उसके कम से कम नमूने तो मौजूद हैं। हम न केवल किसी प्रजाति के जाने के बाद उसकी देखभाल अच्छी तरह से नहीं करते, बल्कि कई बार ऐसा भी होता है कि उनके रहते हुए भी हम उनका ध्यान ठीक से नहीं रख पाते। कैरोलाइना पैराकीट को ही लें, सुनहरे सिर वाला हरा पक्षी उत्तरी अमेरिका में रहने वाला सबसे असाधारण और ख़ूबसूरत था। आपने गौर किया होगा कि तोते अक्सर इतनी दूर उत्तर तक नहीं जाते और अपने चरम पर यह पक्षी बड़ी तादाद में मौजूद था, इससे ज़्यादा संख्या केवल जंगली कबूतर की ही थी। कैरोलाइना पैराकीट को किसान हानिकारक जीव समझकर मार देते थे। इसका शिकार भी आसानी से किया जा सकता था, क्योंकि ये झुंड में उड़ते थे और गोली की आवाज़ से उड़ तो जाते थे (जैसी उम्मीद थी), लेकिन अपने गिरे हुए साथियों को देखने तुरंत लौट भी आते थे।

उन्नीसवीं सदी के प्रारंभ में लिखी गई *अमेरिकन ऑर्निथॉलोजी* में चार्ल्स विलसन पील ने ऐसी ही एक घटना का उल्लेख किया है, जिसमें उन्होंने पैराकीट के बसेरे पर अपनी पूरी शॉटगन ख़ाली कर दी थी :

> हर बार गोली दागने पर उनमें से कई ज़मीन पर आ गिरते थे, लेकिन बचे हुए पंछियों का मोह और बढ़ता हुआ लगता था; आस-पास कुछ चक्कर काटने के बाद वे फिर से मेरे पास आ जाते थे, अपने मरे हुए साथियों को इतनी सहानुभूति से देखते थे कि मैं बेबस महसूस करता था।

बीसवीं सदी के दूसरे दशक तक इन पंछियों का इतना शिकार किया गया कि उनमें से कुछ ही बंदी अवस्था में जीवित रहे। इंका नामक अंतिम पक्षी की 1918 में सिनसिनाटी ज़ू में मौत हो गई (इसी चिड़ियाघर में लगभग चार साल पहले अंतिम जंगली कबूतर की मृत्यु हुई थी) और उसे भरकर रख दिया गया। अब आप इंका को कहाँ देख सकते हैं? कोई नहीं जानता। चिड़ियाघर ने उसे खो दिया।

ऊपर दी गई कहानी को लेकर हैरान-परेशान कर देने वाली बात यह है कि पील पंछी प्रेमी थी और फिर भी उन्होंने बड़ी संख्या में पक्षियों को मारने में कोई हिचक नहीं हुई, क्योंकि उन्हें उसमें मज़ा आता था। यह अचरज की बात है कि दुनिया के पक्षियों में गहरी दिलचस्पी रखने वाले लोग ही थे, जिन्होंने सबसे लंबे समय तक उन्हें ख़त्म करने में अहम भूमिका निभाई।

इसका सबसे बड़ा उदाहरण थे दूसरे बैरन रॉथ्सचाइल्ड, लायनल वॉल्टर रॉथ्सचाइल्ड। प्रतिष्ठित बैंकिंग परिवार के वंशज रॉथ्सचाइल्ड अजीब क़िस्म के एकांतप्रिय इंसान थे। 1868 से लेकर 1937 तक का अपना जीवनकाल उन्होंने बकिंघमशर स्थित ट्रिंग में अपने घर में मौजूद बचपन के कमरे में बिताया। वह उसी समय के फ़र्नीचर का इस्तेमाल करते थे और यहाँ तक कि अपने बचपन के पलंग पर ही सोते थे, जबकि उनका वज़न 135 किलोग्राम था।

प्राकृतिक इतिहास का उन्हें जुनून था और वह चीज़ों के संग्रह का शौक़ रखते थे। उन्होंने सैकड़ों की संख्या में प्रशिक्षित व्यक्तियों को दुनिया के हर कोने में भेजा कि वे पहाड़ों पर चढ़कर, बीहड़ जंगलों के बीच से रास्ता बनाते हुए उनके लिए नए नमूने लेकर आएँ, ख़ासकर पक्षियों के। उन्हें क्रेटों में, बक्सों में रखा जाता और फिर ट्रिंग स्थित उनके घर भेजा जाता, जहाँ पर वह अपने सहयोगियों के साथ मिलकर हर चीज़ की सूची बनाते और उसका विश्लेषण करते, माना जाता है कि उन्होंने लगभग 1200 किताबें, शोधपत्र, मोनोग्राफ़ तैयार किए। कुल मिलाकर रॉथ्सचाइल्ड के प्राकृतिक इतिहास की उद्योगशाला ने बीस लाख से ज़्यादा नमूने तैयार किए और वैज्ञानिक अभिलेखों में प्राणियों की पाँच हज़ार प्रजातियों को जोड़ा।

इसके बावजूद हैरानी की बात यह है कि रॉथ्सचाइल्ड के संग्रह के ये प्रयास उन्नीसवीं सदी के न तो सबसे व्यापक प्रयास थे और न ही सबसे उदारतापूर्वक वित्तपोषित। इसके बेहतर दावेदार हैं, उनसे पहले के अधिक समृद्ध ह्यू कमिंग

नामक ब्रिटिश व्यक्ति, जो चीज़ें जमा करने को लेकर इतने जुनूनी थे कि उन्होंने एक विशाल पानी का जहाज़ बनवाया और उसमें लोगों को काम पर रखा कि वे पूरी दुनिया में घूमकर सब कुछ जमा करें, पक्षी, पौधे, हर तरह के प्राणी और ख़ासकर सीपियाँ। उनके बार्नाकल्स के आसाधारण संग्रह से ही डार्विन को अपने मौलिक अध्ययन के लिए आधार मिला।

रॉथ्सचाइल्ड को अपने समय का सबसे वैज्ञानिक संग्राहक कहा जा सकता है, लेकिन अफ़सोसनाक तौर पर सबसे घातक का सेहरा भी उनके ही सिर बँधता है। 1890 के दशक में उनकी दिलचस्पी हवाई में हुई, जो पृथ्वी पर मौजूद आकर्षक ढंग का सबसे ज़्यादा नाज़ुक पर्यावरण है। लाखों वर्षों तक अलग-थलग रहने के कारण हवाई में जीव-जंतुओं और वनसपित की 8800 प्रजातियाँ विकसित हुईं। रॉथ्सचाइल्ड को इस द्वीप के रंगीन और विशिष्ट पक्षियों में सबसे ज़्यादा दिलचस्पी थी, जो बहुत ही ख़ास व सीमित स्थानों पर कम तादाद में पाए जाते थे।

हवाई के पंछियों की त्रासदी यह थी कि वे न केवल ख़ास, मनभावन व दुर्लभ थे, जो कि काफ़ी ख़तरनाक संयोग था, बल्कि उन्हें पकड़ना भी बहुत आसान होता था। हनीक्रीपर वर्ग का सीधा-सादा सदस्य ग्रेटर कोआ फ़िंच (नन्हा गाने वाला पंछी) कोआ पेड़ों के बीच छिपकर रहने वाला शर्मीला पक्षी था, लेकिन यदि कोई उसकी आवाज़ की नक़ल करता तो वह जैसे स्वागत के लिए तुरंत आड़ से बाहर निकल आता। इसकी अंतिम प्रजाति 1896 में समाप्त हो गई, जिसे रॉथ्सचाइल्ड के माहिर संग्रहकर्ता हैरी पामर ने मार दिया था। पाँच साल पहले उसके नज़दीकी संबंधी लेसर कोआ फ़िंच को भी समाप्त कर दिया गया, जो इतनी दुर्लभ थी कि तब तक एक को ही देखा गया था और उसे भी रॉथ्सचाइल्ड के संग्रह के लिए मार दिया गया। कुल मिलाकर, रॉथ्सचाइल्ड द्वारा संग्रह किए जाने के लगभग एक दशक के दौरान हवाई पक्षियों की कम से कम नौ प्रजातियाँ विलुप्त हो गईं और संभव है कि वह संख्या इससे अधिक रही हो।

किसी भी क़ीमत पर पक्षियों को पकड़ने के उत्साह में रॉथ्सचाइल्ड अकेले नहीं थे। बाक़ी लोग उनसे भी ज़्यादा बेरहम थे। 1907 में एक जाने-माने संग्रहकर्ता ऐलनसन ब्रायन को जब पता चला कि उन्होंने जंगली पक्षी की एक प्रजाति ब्लैक मामो के अंतिम तीन पंछियों को निशाना बनाया था, तो उनकी टिप्पणी थी कि वह जानकर उन्हें 'खुशी' हुई। ग़ौरतलब है कि इस प्रजाति की खोज एक दशक पहले ही हुई थी।

संक्षेप में, यह ऐसा युग था, जिसकी थाह पाना मुश्किल है और जिसमें हर उस प्राणी को कष्ट दिया गया, जिसे सबसे कम घुसपैठ करने वाला माना जाता था। 1890 में न्यू यॉर्क स्टेट ने ईस्टन माउंटेन लायन पर एक सौ का ईनाम रखा था,

जबकि तब तक यह स्पष्ट हो चुका था कि वे विनाश के कगार पर थे। 1940 के दशक तक कई राज्यों ने किसी भी तरह के शिकारी जानवर पर कई तरह के ईनाम देना जारी रखा। वेस्ट वर्जीनिया में सबसे अधिक मृत विनाशकारी जीव लाने वाले को वार्षिक कॉलेज छात्रवृत्ति दी जाती थी। यहाँ इस श्रेणी में वे सभी जानवर शामिल थे, जिन्हें न तो फ़ार्म पर पाला जाता था या न ही पालतू बनाकर रखा जाता था।

इस काल की विडंबना का सबसे अच्छा उदाहरण शायद प्यारी नन्ही बाकमैन्स वॉर्ब्लर की नियति से बेहतर कुछ और नहीं हो सकता। अमेरिका के दक्षिणी हिस्से की मूल निवासी वॉर्ब्लर अपने सुंदर गीत के लिए मशहूर थी और इसकी तादाद कभी भी ज़्यादा नहीं रही, लेकिन 1930 के दशक तक इसकी संख्या गिरती चली गई और फिर वह कई वर्षों तक नहीं दिखी और शायद हमेशा के लिए ग़ायब हो गई। फिर 1939 में एक सुखद संयोग था कि दो दिन के अंतराल पर बिलकुल अलग जगहों पर पक्षियों में दिलचस्पी रखने वाले दो व्यक्तियों को इस प्रजाति दो पंछी दिखे। उन दोनों ने उन्हें मार दिया।

इस तरह तबाही मचाने का आवेश अमेरिका तक ही सीमित नहीं था। ऑस्ट्रेलिया में कुत्ते जैसा तस्मानी बाघ (थायलासीन) पाया जाता था, जिसकी पीठ पर बाघ की तरह ख़ास तरह की धारियाँ होती थीं। हाल तक उसे लाने पर ईनाम दिया जाता था। 1936 में आख़िरी प्राणी भी एक निजी होबार्ट चिड़ियाघर में गुमनामी में लाचार होकर मर गया। टैस्मैनियन म्यूज़ियम ऐंड आर्ट गैलरी में जाकर आज अगर आप उस प्रजाति (आधुनिक समय में रहने वाला एकमात्र बड़ा मांसाहारी धानी प्राणी) के अंतिम जानवर के बारे में पूछेंगे तो आपको कुछ तसवीरें और 61 सेकंड की पुरानी फ़िल्म दिखाई जाएगी। चिड़ियाघर में मरे अंतिम थायलासीन की लाश को कचरे में फेंक दिया गया।

मैं इसका उल्लेख यह बताने के लिए करता हूँ कि यदि आप हमारे एकाकी ब्रह्मांड में जीवन की देखभाल करने, यह देखने के लिए कि यह कहाँ जा रहा है और इसका रिकॉर्ड रखने के लिए कि यह कहाँ रहा है, आप इस काम के लिए इंसान को नहीं चुनेंगे।

इसमें एक बहुत ख़ास बात यह है कि आप चाहे नियति कहें या फिर विवेक, उसने हमें चुना है। जहाँ तक हमारी जानकारी है, हम सबसे बेहतरीन हैं। शायद हमारे सिवाय और कोई नहीं है। यह सोच दहला देती है कि शायद इस जीवित ब्रह्मांड की परम उपलब्धि और उसके साथ-साथ उसका सबसे बुरा दुःस्वप्न हम ही हैं।

हम जीवों की, उनके जीवनकाल में या फिर उसके बाद उनकी देखभाल करने के मामले में शानदार ढंग से इतने लापरवाह हैं कि हमें ज़रा भी अंदाज़ा नहीं है

कि उनमें से कितने हमेशा के लिए समाप्त हो गए हैं या फिर जल्दी ही हो जाएँगे और इस प्रक्रिया में हमने क्या भूमिका निभाई है।

1979 में नॉर्मन मायर्स ने अपनी किताब *द सिंकिंग आर्क* में कहा था कि मानव गतिविधियों के कारण पृथ्वी पर हर सप्ताह दो विलोपन हो रहे थे। 1990 के दशक की शुरुआत तक उन्होंने इस आँकड़े को बढ़ाकर छह सौ प्रति सप्ताह कर दिया था। (इसमें हर प्रकार का विलोपन शामिल है - पौधे, कीट और अन्य जीव-जंतु।) अन्य लोगों ने इस आँकड़े को एक हफ़्ते में हज़ार से अधिक बताया है। 1995 की संयुक्त राष्ट्र की एक रिपोर्ट में जीव-जंतुओं के कुल ज्ञात विलोपनों की संख्या पाँच सौ से कम और वनस्पति की छह सौ से थोड़ी अधिक बताई गई है। उसमें इसे 'लगभग निश्चित रूप से वास्तविकता से कम' कहा गया है, ख़ासकर उष्णकटिबंधी प्रजातियों के मामले में। कुछ लोगों का मानना है कि विलोपन के आँकड़ों को बढ़ा-चढ़ाकर बताया गया है।

सच्चाई यह है कि हम नहीं जानते। हमें बिलकुल भी अंदाज़ा नहीं है। हमें नहीं मालूम कि हमने कब वह सब करना शुरू किया, जो हम कर चुके हैं। हमें नहीं पता कि हम अभी क्या कर रहे हैं या हमारे अभी के क्रियाकलाप भविष्य को कैसे प्रभावित करेंगे। हम इतना ज़रूर जानते हैं कि हमारे पास इसके लिए एक ही ग्रह है और हम ही एकमात्र ऐसी प्रजाति हैं, जो इस पर उल्लेखनीय असर डाल सकती है। एडवर्ड ओ. विल्सन ने इसे *द डाइवर्सिटी ऑफ़ लाइफ़* में सटीक ढंग से व्यक्त किया है : "एक ग्रह, एक प्रयोग।"

अगर इस किताब में कोई सबक़ है, तो वह है कि हम वाक़ई बहुत खुशक़िस्मत हैं कि यहाँ पर हैं और 'हम' से मेरा तात्पर्य हर सजीव चीज़ से है। हमारे ब्रह्मांड में किसी भी प्रकार का जीवन प्राप्त करना काफ़ी बड़ी उपलब्धि है। इंसान के तौर पर हम दोहरे रूप से भाग्यशाली हैं। हम न केवल अपने अस्तित्व का आनंद लेते हैं, बल्कि हम में उसे सराहने की अनोखी क्षमता भी है और साथ ही हम कई तरीक़ों से इसे बेहतर बनाने की क्षमता भी रखते हैं। इस बात को हमने बस अभी समझना शुरू किया है।

हम बहुत कम समय में श्रेष्ठता की इस स्थिति तक पहुँचे हैं। व्यावहारिक रूप से आधुनिक इंसान पृथ्वी के इतिहास के 0.01 प्रतिशत हिस्से से भी कम समय से यहाँ पर हैं, जो कि वास्तव में लगभग नगण्य है, लेकिन इतने कम समय में भी

अस्तित्व में रहने के लिए लगातार अच्छी क़िस्मत की ज़रूरत है।

दरअसल, हम इसके शुरुआती चरण में हैं। तरक़ीब यही है कि हम कभी इसके अंत तक न पहुँचें। निश्चित तौर पर उसके लिए हमें सौभाग्यशाली अवसरों से कहीं अधिक की आवश्यकता पड़ेगी।

लेखक के बारे में

यात्रा संस्मरणों पर बिल ब्रायसन की बेस्ट सेलिंग किताबों में *द लॉस्ट कांटिनेंट* और *नोट्स फ्रॉम अ स्मॉल आईलैंड* आदि शामिल हैं। एक राष्ट्रीय सर्वे में उनकी कृति नोट्स फ्रॉम अ स्मॉल आईलैंड को ऐसी किताब के तौर पर चुना गया, जो ब्रिटेन का सर्वोत्तम रूप में प्रतिनिधित्व करती है। यात्रा वृतांत पर उनकी एक अन्य किताब *अ वॉक इन द वुड्स* पर फ़िल्म भी बन चुकी है, जिसमें रॉबर्ट रेडफ़ोर्ड, निक नोल्ट और एमा थॉम्पसन ने अभिनय किया है।

अ शार्ट हिस्ट्री ऑफ़ नियरली एवरीथिंग को रॉयल सोसायटी के एवेंटिस प्राइज और यूरोपीय संघ के सर्वोच्च वैज्ञानिक अवॉर्ड, देकार्त प्राइज़ से नवाज़ा जा चुका है। उन्होंने भाषाओं, शेक्सपियर और इतिहास पर किताबें लिखी हैं। यही नहीं, उन्होंने अपनी कृति द *लाइफ़ ऐंड टाइम्स ऑफ़ द थंडरबोल्ट किड* में बचपन की यादों को अत्यंत दिलचस्प तरीक़े से संजोया है। उनकी दो बेस्ट सेलिंग किताबों *ऐट होम : अ शॉर्ट हिस्ट्री ऑफ़ प्राइवेट लाइफ़* और *वन समर : अमेरिका 1927* की समीक्षकों ने काफ़ी सराहना की है।

अमेरिकन मिडवेस्ट में जन्मे बिल ब्रायसन फ़िलहाल ब्रिटेन में रहते हैं। वे छह वर्षों तक डरहम यूनिवर्सिटी के चांसलर रहे। इसके अलावा वे कैम्पेन टु प्रोटेक्ट रुरल इंग्लैंड के प्रेसिडेंट का पद भी पाँच वर्ष तक संभाल चुके हैं। वे रॉयल सोसायटी के मानद फ़ेलो भी हैं।

अनुवादक के बारे में

पिछले लगभग दो दशकों से प्रकाशन क्षेत्र से जुड़ी नीलम भट्ट ने कई प्रतिष्ठित राष्ट्रीय एवं अंतर्राष्ट्रीय प्रकाशन संस्थानों के लिए अनुवाद, समीक्षा व संपादन-कार्य किया है। राजनीति शास्त्र में स्नातकोत्तर शिक्षा प्राप्त करने के बाद शैक्षणिक कार्यक्रम प्रस्तुत करने और टेलीविज़न के लिए पटकथा लेखन एवं विभिन्न कार्यक्रमों के लिए वॉयस ओवर का कार्य किया। इसके अलावा ऑल इंडिया रेडियो के विदेश सेवा प्रभाग के साथ अनुवादक व उद्घोषक, समाचार प्रभाग के साथ अनुवादक व समाचार वाचक और एफ़एम गोल्ड के साथ प्रस्तुतकर्ता के रूप में जुड़ी रहीं। दिल्ली की हिंदी अकादमी की 'नवोदित युवा लेखक पुरस्कार प्रतियोगिता' के अंतर्गत कविता लेखन के लिए लगातार दो वर्ष पुरस्कार प्राप्त किए। एनसाइक्लोपीडिया ब्रिटैनिका में सीनियर कॉपी एडिटर के रूप में काम करते हुए उनके हिंदी प्रकाशन का संपादन-कार्य किया। फ़िलहाल स्वतंत्र रूप से लेखन, अनुवाद एवं संपादन-कार्य कर रही हैं। मंजुल प्रकाशन के लिए *दि डेफ़िनेटिव बुक ऑफ़ बॉडी लैंग्वेज, हाउ टु इनफ़्लुएंस पीपल, किचन क्लीनिक,वाय मेन डोंट लिसन ऐंड विमेन कांट रीड मैप्स, बिज़नेस सूत्र, ऐन फ़्रैंकः डायरी ऑफ़ ए यंग गर्ल, इन्कार्नेशन्सः इंडिया इन फ़िफ़्टी लाइव्ज़* आदि पुस्तकों का हिंदी अनुवाद कर चुकी हैं।